모빌리티
생태인문학

이 논문 또는 저서는 2018년 대한민국 교육부와 한국연구재단의 지원을 받아 수행된 연구임
(NRF-2018S1A6A3A03043497)

이명희 · 정영란 지음

문학으로 관찰하고 과학으로 감상하는

모빌리티
생태인문학

앨피

모빌리티인문학은 기차, 자동차, 비행기, 인터넷, 모바일 기기 등 모빌리티 테크놀로지의 발전에 따른 인간, 사물, 관계의 실재적·가상적 이동을 인간과 테크놀로지의 공-진화co-evolution라는 관점에서 사유하고, 모빌리티가 고도화됨에 따라 발생하는 현재와 미래의 문제들에 대한 해법을 인문학적 관점에서 제안함으로써 생명, 사유, 문화가 생동하는 인문-모빌리티 사회 형성에 기여하는 학문이다.

모빌리티는 기차, 자동차, 비행기, 인터넷, 모바일 기기 같은 모빌리티 테크놀로지에 기초한 사람, 사물, 정보의 이동과 이를 가능하게 하는 테크놀로지를 의미한다. 그리고 이에 수반하는 것으로서 공간(도시) 구성과 인구 배치의 변화, 노동과 자본의 변형, 권력 또는 통치성의 변용 등을 통칭하는 사회적 관계의 이동까지도 포함한다.

오늘날 모빌리티 테크놀로지는 인간, 사물, 관계의 이동에 시간적·공간적 제약을 거의 남겨두지 않을 정도로 발전해 왔다. 개별 국가와 지역을 연결하는 항공로와 무선 통신망의 구축은 사람, 물류, 데이터의 무제약적 이동 가능성을 증명하는 물질적 지표들이다. 특히 전 세계에 무료 인터넷을 보급하겠다는 구글Google의 프로젝트 룬Project Loon이 현실화되고 우주 유영과 화성 식민지 건설이 본격화될 경우 모빌리티는 지구라는 행성의 경계까지도 초월하게 될 것이다. 이 점에서 오늘날은 모빌리티 테크놀로지가 인간의 삶을 위한 단순한 조건이나 수단이 아닌 인간의 또 다른 본성이 된 시대, 즉 고-모빌리티high-mobilities 시대라고 말할 수 있다. 말하자면, 인간과 테크놀로지의 상호보완적·상호구성적 공-진화가 고도화된 시대인 것이다.

고-모빌리티 시대를 사유하기 위해서는 우선 과거 '영토'와 '정주' 중심 사유의 극복이 필요하다. 지난 시기 글로컬화, 탈중심화, 혼종화, 탈영토화, 액체화에 대한 주장은 글로벌과 로컬, 중심과 주변, 동질성과 이질성, 질서와 혼돈 같은 이분법에 기초한 영토주의 또는 정주주의 패러다임을 극복하려는 중요한 시도였다. 하지만 그 역시 모빌리티 테크놀로지의 의의를 적극적으로 사유하지 못했다는 점에서, 그와 동시에 모빌리티 테크놀로지를 단순한 수단으로 간주했다는 점에서 고-모빌리티 시대를 사유하는 데 한계를 지니고 있었다. 말하자면, 글로컬화, 탈중심화, 혼종화, 탈영토화, 액체화를 추동하는 실재적·물질적 행위자agency로서의 모빌리티 테크놀로지를 인문학적 사유의 대상으로서 충분히 고려하지 못했던 것이다. 게다가 첨단 웨어러블 기기에 의한 인간의 능력 향상과 인간과 기계의 경계 소멸을 추구하는 포스트-휴먼 프로젝트, 또한 사물 인터넷과 사이버 물리 시스템 같은 첨단 모빌리티 테크놀로지에 기초한 스마트 도시 건설은 오늘날 모빌리티 테크놀로지를 인간과 사회, 심지어는 자연의 본질적 요소로 만들고 있다. 이를 사유하기 위해서는 인문학 패러다임의 근본적 전환이 필요하다.

이에 건국대학교 모빌리티인문학 연구원은 '모빌리티' 개념으로 '영토'와 '정주'를 대체하는 동시에, 인간과 모빌리티 테크놀로지의 공-진화라는 관점에서 미래 세계를 설계할 사유 패러다임을 정립하려고 한다.

'생태인문학'은 인간과 환경 사이의 얽힘entanglement를 설명하고 관계의 실마리를 찾으려는 노력의 일환으로 탄생한 학문이다. 생태 인문학은 각 학문이 마주하는 자연 및 환경 등의 생태학적 문제 이면에 내포되어 있는 정치, 도덕, 종교 등의 복잡한 질문에 정면으로 대응하여 현실적인 답을 찾는 실천의 과정이라는 점에서 유의미하다. 그런 의미에서 생태인문학은 실천인문학이며, 학제 간의 다양한 관점을 살펴본 후 탈인간중심주의적 관점을 견지한다는 점에서 간학문間學問적 성격을 갖는다.

생태인문학은 인간을 둘러싼 환경의 문제와 맞닿아 있다. 프린스턴대, 옥스퍼드대, UCLA대, 산타바바라대 등 유수한 대학에서 이미 생태학·환경학·인문학의 통합적 비전을 연구하고 전 지구적 문제에 대처할 해답을 찾고 있다. 이러한 지구적 상황에 대한 문제 의식에서 출발한 생태인문학의 배경을 정리하면 다음과 같다.

첫째, 인간과 생태 및 환경의 상호관계를 고찰하여 생태인문학을 정의함으로써 인문학과 생태학이 다른 영역의 문제가 아님을 인식

한다. 둘째, 기존의 인간중심주의적 생태·자연·환경의 시각에서 벗어나 지구 환경을 인지하고 관심을 촉발시킨다. 작금의 인문학은 유명 콘텐츠(건축, 음식, 문학, 역사 등)에 편중되어 지식의 확장에만 쏠리는 경향이 있는데, 실천적 지식과 공동체의 발전을 위해 생태인문학에 대한 연구와 관심이 필요하다.

이 책은 생태와 인문학의 통합적 고찰을 통해 자연, 환경, 개발, 기후, 음식 등과 관련된 현 시대와 미래 시대의 생태환경 문제를 진단하고자 한다. 생태인문학의 출발은 인간이 마주하는 자연 및 환경 등의 생태학적 문제 이면에 내포되어 있는 정치, 도덕, 종교 등의 복잡한 질문을 정면으로 마주하는 데서부터 가능하다. 따라서 기존의 인문학이나 생태학에서 보이는 일방적 관점에서 벗어나 인문학과 자연과학의 관점이 교차되는 지점에서 독자들의 토론과 대화를 자연스럽게 이끌어 내려 한다. 이 과정에서 생태인문학적 주제를 통해 인간을 둘러싼 지구적 문제와 이슈에 대한 답을 찾도록 노력할 것이다.

'생태인문학'은 궁극적으로 한 세대가 다음 세대를 위해 해야 할 전 지구적이고 보편적인 노력의 시작으로, 인류가 건강하고 평화롭게 숨 쉴 수 있는 지구를 만드는 일이 무엇인지 인지하고 실천하는 생활인문학적 성격을 갖고 있다.

2020년 2월

이명희·정영란

이제 나의 목적지는
장소가 아니라 새로운 관점이다.

– 마르셀 프루스트

차례

1장

생태인문학이란 무엇인가

과학과 인문학이 만나야 하는 이유

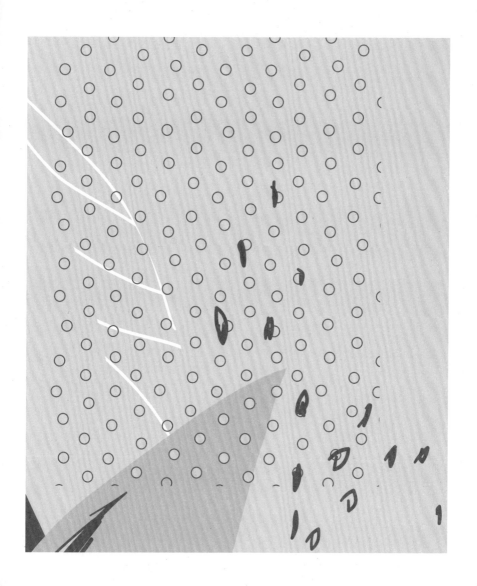

1 생태인문학의 필요성

왜 생태인문학인가?

2018년 MBC에서 방영된 다큐멘터리 〈곰〉은 러시아 쿠릴호수의 연어를 사냥하는 캄차카불곰을 비롯하여 알래스카 최북단의 작은 마을 칵토빅에 서식하는 북극곰, 지리산 반달가슴곰과 중국의 판다에 이르기까지 여러 곰의 생태를 적나라하게 보여 주었다. 그런데 이 다큐멘터리에서 곰의 이야기를 따라가다 보면 자연스럽게 인간의 미래는 어떠해야 하는가라는 물음에 도달하게 된다. 인간의 낯선 모습을 마주하면서 반성과 함께 인간의 가야 할 길이 무엇인지 생각하게 되는 것이다.

한국의 건국신화는 곰과 호랑이의 이야기에서 비롯되었다. 생물학적으로 근거가 없는 곰의 히스토리history, 아니 허스토리herstory가 인간 삶의 이야기 속으로 들어와 역사를 이룬 것이다. 생명이 있는 모든 것은 저마다의 의미를 갖고 있지만, 모든 생명체가 인간 삶을 구성하는 환경의 일부분으로 이해되는 순간, '환경'이 되어 버린 자연은 인간과 대척점에 놓이게 된다. 인간은 살기 위해 마침내 자연을 이용하고 개발하여 인간의 무대와 삶의 지평을 확장시킨다. 현재 인간은 빠른 속도로 지구를 인간에게 가장 효용가치가 높은 상태로 만들어 가고 있다.

용왕의 병을 구환하기 위해 토끼를 잡으러 육지로 올라온 충성스러운 거북이는 이제 더 이상 동화 속 돈키호테처럼 건강한 모습으로 우리에게 기억될 수 없다. 코스타리카에서 잡힌 거북이는 토끼를 찾기도 전에 콧구멍에 빨대가 박혀 숨조차 쉬지 못하고 헉헉대고 있다. 이런 거북이의 모습을 보면서 인간은 더 이상 발랄한 동화를 쓸 수 없을지도 모른다.

그렇다면 느닷없이 왜 생태인문학Ecological Humanities인가? 생태학은 무엇이고, 인문학은 무엇인가? 한 분야도 공부하기 어려운 복잡한 사회에서 생태인문학을 통해 우리는 무엇을 얻을 수 있을까? 생태학과 인문학이 융합된 하이브리드적Hybridism 신종 개념인 '생태인문학'을 정의하려면 먼저 생태학과 인문학의 정의를 살펴볼 필요가 있다.

인문학humanities은 인간을 대상으로 인간을 둘러싼 세계의 발전에 관심을 기울이는 학문이다. 인문학의 연구 대상은 인간이다. 따라서 인간의 특징인 언어와 문자를 비롯하여 이들로 구성된 모든 정신 활동에 속하는 영역들을 연구한다. 역사와 철학, 사회와 정치 및 예술 전반의 미학적 활동은 물론, 궁극적으로는 인간의 내면을 탐구하고 성찰함으로써 인간과 사회를 변화시키는 학문이다.

생태학Ecology은 자연과학의 일부분이자 생물학의 한 분야다. 학문명 'Ecology'는 '집'을 뜻하는 그리스어 'oikos'에서 유래했다. 생명체 모두가 집이라는 의미로, 자연과 삶이 유기적으로 연결되어 있으면서 그 자체가 생명체임을 전제로 하는 학문이다.

인간을 포함한 자연현상을 연구하는 학문인 자연과학에 인문학적 시각이 더해지면 대상과 환경을 좀 더 다양한 시각으로 수용할 수 있다. 생태인문학은 대상을 인문학과 자연과학의 입장에서 다른 시각으로 살필 수 있는 기회를 제공하여 융합적인 학문 태도를 가능하게 한다.

고대 서양철학에서는 인간과 자연을 이원론적으로 분리하여 인식했고, 근대에는 사물과 자연으로부터 인간을 분리하여 독립적인 존재로 여겼다. 그러던 것이 현대로 들어와 인간은 불완전하며 독립적으로 살 수 없음을 인지하기 시작했다. 모든 것이 연결되어 있다는 순환론적·유기적 관점을 각성을 통해 깨닫고, 인간과 자연의 상호관계를 전제로 인간을 둘러싼 여러 문제들을 분석하기 시작하면서 자연의 생태와 섭리에 관심을 갖게 된 것이다. 하나의 관점으로는 인간에게 닥친 문제를 풀어 나가기 어렵기 때문에 만들어진 새로운 패러다임이다.

패러다임의 전환, 즉 인간 중심으로 일방적으로 풀어 나가던 문제를 다중심적으로 관계의 측면에서 접근하여 풀어 갈 때 좀 더 인간답게 살아갈 수 있음을 인지하게 되었고, 여기서 생태인문학이 시작되었다. 생태인문학·생태주의 인문학·인문생태학 등 다양한 용어로 불리는 이 학문은, 생태주의적 관점을 인문학에 적용하여 세계와 인간의 복잡한 관계를 풀려는 의지에서 출발했다.

생태가 '인간을 둘러싼 환경'을 의미한다면, 생태학은 '생명체와 환경 간의 상호작용'까지 아우른다. 따라서 생태인문학은 생명을 가진 모든 존재를 존중하며 불가분의 상호성을 염두에 두고 그 관계의 가치와 영향을 연구한다. 그런 점에서 생태인문학은 실천인문학의 가능성을 내재하고 있다. 인문학이 지지하고 있는 다양한 가치를 존중하는 정신을 바탕으로 생명체의 소중함을 인정하는 생태인문학은 과정의 학문으로서 미래 학문의 지형도를 만들어 가는 과정의 학문이다.

> "진정한 문명은 산을 없애지 않고, 마을을 부수지 않고,
> 강을 거스르지 않고, 사람을 죽이지 않는다.
> True civilization does not devastate mountains, nor rivers,
> nor villages; nor does it kill humans."
>
> ―다나카 쇼조 Shozo Tanaka
> (田中正造, 1841–1913)

▶ 류이치 사카모토 특별전 〈RYUICHI SAKAMOTO: LIFE, LIFE〉(piknic, 2018)에 전시된 다나카 쇼조의 글.

일본 최초의 환경운동가로 일컬어지는 다나카 쇼조田中正造(1841~1931)는 '진정한 문명'을 논하면서 국가는 일시적이지만 '마을'은 몇천 년, 몇 백 년에 걸쳐 만들어진 인간 지혜의 보고라고 했다. 그는 문명이란 "산을 없애지 않고, 마을을 부수지 않고, 강을 거스르지 않고, 사람을 죽이지 않는" 것이어야 한다고 주장했다. 그런데 우리 인

간은 어땠는가? 산을 밀고, 마을을 물속에 가라앉히고, 강을 거스르고, 사람들을 죽여 가며 문명을 만들어 왔다. 생태인문학은 이에 대한 인간의 반성에서 출발했다.

생태학과 인문학의 하이브리드적 학문인 생태인문학은 인간을 둘러싼 다양한 질문에서 시작되었다. 그렇다면 다음과 같은 물음을 던져 볼 수 있을 것이다.

첫째, 생태학이 인문학으로 수렴되는 경우 '환경문학', '생태문학', '녹색문학' 등으로 명명될 수 있는가?

둘째, 환경문학과 생태문학은 무엇이 다른가, 그리고 생태인문학은 이들과 어떻게 관계 맺고 있는가?

생태인문학은 모든 유기체의 연결과 존재를 존중하는 학문으로 출발했다. 이에 전통적 자연관에 대한 조망과 함께 생명존중사상이 담긴 무속신앙과 풍수지리사상, 신선사상, 불교를 비롯한 종교의 생명관도 살펴보아야 한다. 전통적 자연관은 만물은 연결connecting되어 있다는 초연결망 사상의 집합체이다. 일례로 땅이 만물의 근본이자 근원이라는 믿음(지모사상地母思想)은 한국문학의 기둥인 박경리, 박완서 등 여성 작가의 작품에서 잘 드러나고 있다. 노자 및 장자의 전통적 자연관과 생태인문학, 그리고 에코페미니즘 문학과 생명문학 및 환경문학도 이러한 믿음에서 시작되었다.

예컨대, '매미를 잡으면 가뭄이 온다'거나 '까치나 제비를 죽이면

죄를 입는다'는 속담, 황희 정승이 농부에게 어떤 소가 일을 잘하는지 물었더니 농부가 소가 들을까 걱정하여 귓속말로 답했다는 일화 등은 동물도 하나의 인격체로 대우하고 사람을 대하는 마음으로 헤아려야 한다는 생명 존중의 지혜를 담고 있다. 이러한 생명존중사상이 잘 드러나는 사상으로 에코페미니즘을 들 수 있다. 에코페미니즘의 생명존중사상은 생명이 있는 것은 모두 살려야 한다는 '살림'의 의미로 전환되고 있다.

그렇다면 '살림'의 미학 속에서 우리는 무엇을 살릴 수 있고, 살려야 할까? 신화학자 조셉 캠벨Joseph Campbell의 다음 언명은 왜 생태인문학을 공부해야 하는가에 대한 단서를 마련해 준다.

우리는, 땅이 사람에게 속하는 것이 아니라 사람이 땅에 속한다는 것을 압니다. 우리는, 이 세상 만물이 우리가 핏줄에 얽혀 있듯 그렇게 얽혀 있다는 것을 압니다. 우리는, 사람이 생명의 피륙을 짜는 것이 아니라는 것을 압니다. 우리는, 우리의 삶이라고 하는 것이 그 피륙의 한 올에 지나지 않는다는 것을 압니다. 우리는 사람이 그 피륙에 하는 짓이 곧 저에게 하는 것임을 잘 알고 있습니다. (…) 우리가 이 땅의 일부이듯, 그대들도 이 땅의 일부올시다. 이 지구는 우리에게 소중합니다. 이것은 그대들에게도 소중합니다. _ 조셉 캠벨 · 빌 모이어스, 《신화의 힘》

2 생태인문학의 정의와 의미

생태인문학은 인문학과 생태학(넓게는 자연과학)의 융합학문으로 21세기 초에 등장한 새로운 학문 분야다. 그동안 완전히 다른 분야로 인식되어 공통분모가 전혀 없을 것 같았던 두 학문이 장벽을 낮추고 서로 넘나드는 모빌리티를 통해 패러다임의 전환을 이끌어 낼 것으로 기대된다.

생태인문학은 각각 존재하던 지식의 조직을 재편집하여 문화·정치·사회 등의 인간 활동과 환경 사이의 복잡한 상호 관계를 분석, 연구하기 위해 교차연구를 수행한다. 환경문제를 분석하려면 자연과 문화, 과학과 인문학의 상호 관계를 이해하는 것이 필요하다. 또한 인간 사회의 문화와 철학을 연구하고 논의하려면 그 기반이 되는 환경 및 생태학 등 과학의 문제를 외면할 수 없다. 곧, 생태인문학은 인간 삶의 가치, 근원, 사상 등을 다루는 데 있어 환경과 생태를 연결시켜 고찰하는 학문이다.

현대의 생태학은 자연과학 중 생물학의 한 분야이고, 인문학은 인간과 인간을 둘러싼 세계의 문제에 관심을 기울이고 사람의 가치를 탐구하는 학문으로, 두 학문은 전혀 다른 분야의 학문으로 인식되어 왔다. 그러나 인간 역시 자연에 존재하는 생물의 한 종이라는 점에서 자연과 인간의 삶을 떼어 놓고 생각할 수 없다. 생태학이라는 학문명의 어원인 'oikos'가 '사는 곳', '집'을 의미하는 데서 짐작할 수 있듯이, 모든 생명체는 자연이라는 하나의 커다란 집에 함께 모여 살면서 서로 영향을 주고받는 관계라고 보는 것이 생태학적 사고의 출발점이다. 따라서 생태인문학은 과학을 기반으로 한 생태적 교육이 인문학과 융합하여 인간 삶의 가치를 높이는 데 사실적 근거와 기반을 구축하도록 기여한다. 한 방향으로 기울어짐 없이 균형 잡힌 학문적 관점을 견지하는 것은, 부분적 연구가 훌륭하다고 해서 가능한 일이 아니다. 전문 분야로 인식되어 온 과학을 쉽게 풀어내고 인간의 철학적 사고를 더한다면, 인문학의 세계를 좀 더 견고하게 이끌 수 있을 것이다. 인문학은 학문의 벽을 낮추고 허물어 다른 학문을 흡수할 수 있어야 한다. 최근 이러한 생태학적 자각이 다양한 학문 영역에서 수용되고 있는데, 이는 매우 고무적인 일이다.

생태인문학은 이처럼 서로 다른 두 분야의 학문을 통합함으로써 형성된다. 인문학과 자연과학의 콜라보레이션collaboration을 통해, 학문 간 융합의 새로운 형태와 콘셉트를 형성하고 환경문제와 관련된 인간의 가치 및 존엄성에 대한 문제의식을 좀 더 깊게 탐구할 수 있을 것이다. 이런 탐구와 논의는 학문의 전당에만 머무를 것이 아니라 마땅히 대중적 토론의 장으로 견인되어야 한다.

▶ 생태학과 인문학의 만남. 두 학문의 만남을 통해 환경문제와 관련된 인간의 가치 및 존엄성에 대한 문제의식을 좀 더 깊게 탐구할 수 있을 것이다.

한편, 생태인문학Ecological Humanities은 '환경인문학Environmental Humanities'으로 표현되기도 하며 두 용어가 혼용되기도 한다. 두 용어의 문자적 의미를 변별하자면, 생태인문학이 생명 주체와 그를 둘러싼 환경, 그들 간의 네트워크를 포함하는 용어라면, 환경인문학은 환경이 생명 주체에 미치는 영향에 조금 더 중점을 둔다고 볼 수 있다. 이미 선행 연구를 진행 중인 해외 유수의 대학과 연구소에서는 두 용어를 혼재해 사용하거나 '환경인문학'을 좀 더 자주 사용한다. 그러나 생태는 환경을 제외하고 이해하거나 성립될 수 없으므로, 이

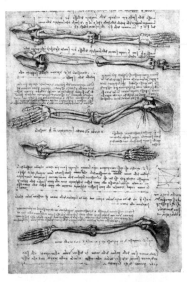
▶ 레오나르도 다빈치가 그린 인체 해부도.

책에서는 혼동을 줄이기 위해 '생태인문학'으로 통일해 쓰고자 한다.

아리스토텔레스(BC 384~322)는 철학자일 뿐 아니라 물리학, 생물학, 동물학 등 여러 분야의 책을 집필했다. 레오나르도 다빈치(1452~1519) 역시 〈모나리자〉를 비롯한 수많은 걸작을 남긴 화가로 알려져 있지만 해부학, 수학 및 천문학 등 여러 분야에 능통했다. 2015년《허프포스트HUFFPOST》는 레오나르도 다빈치의 작업 노트 전시회 소식을 보도하면서, 5백 년 전 작성된 그의 노트에 다양한 분야의 학문적 고찰이 포함되어 있다며 그중 한 부분을 발췌하여 소개했다.

The body of the earth, like the bodies of animals, is interwoven with a network of veins which are all joined together and are formed for the nutrition and vivification of the earth and of its creatures…

동물의 몸과 같이 지구라는 존재도 혈관 같은 네트워크가 모두

> 함께 연결되어 서로 뒤엉켜 있다. 이는 땅과 그 땅의 생명체에게
> 영양과 생명력을 불어넣어 주기 위해 생성된 것이다
>
> _ 레오나르도 다빈치

　지구와 지구의 생물 및 무생물이 따로 분리되어 존재하거나 살아갈 수 없듯, 학문 역시 마찬가지다. 그러나 인간의 유한한 생명과 한정된 능력으로 인해 한 분야를 깊게 연구하다 보니 학문의 전문화, 세분화가 심화되었다. 모든 학문은 인간과 인간을 둘러싼 환경에 대한 호기심에서 시작되었다. 이처럼 같은 출발점에서 시작된 학문들은 점차 접점을 잃어 가고, 깊이는 깊어졌지만 학문 간 거리는 서로 멀어졌다. 이제 학문 간 거리를 좁히고 손을 잡아야 한다. 특히 인간의 생존과 관련된 생태(학)적 문제와 인간 가치와 관련된 인문학은 분리되기 어렵다. 생태인문학은 이 두 학문의 콜라보레이션이자 하이브리드라고 할 수 있다.

　그렇다면 왜 생태인문학을 말하는가? 인간 삶의 기반이 되는 환경을 배제한 인문학은 결코 온전할 수 없기 때문이다. 현대의 생태학은 인간 개개인의 권리와 정체성을 매우 중요하게 여기며, 인간을 자연과 분리된 초월적 존재로 상정하고 있다. 환경을 제어할 능력이 커짐에 따라 인간은 자연에 속한 존재에서 상위의 존재로 이동하여 분리되었다.

　양자역학에서 '얽힘entanglement'은 두 부분계가 공간적으로 서로

멀리 떨어져 있어도 작용하는 상관관계를 의미하는 개념이다. 인간과 환경 역시 분리되어 있는 듯 보여도 서로 연결되어 있는 '얽힘'의 상태라고 할 수 있다. 환경은 인간뿐 아니라 다른 모든 생물·무생물과 연결되어 영향을 미치며, 인간의 문화·정치·제도·도덕·윤리 형성에도 깊게 관여되어 있다. 환경이 변함에 따라 인간의 관계가 변하고, 이는 인간 삶의 변화와 더불어 가치 형성에도 영향을 미친다. 도미노 현상처럼 환경의 변화는 모든 변화의 단초가 된다. 따라서 환경 및 생태가 인문학에 미치는 영향을 간과할 수 없다.

인간과 다른 생물이 함께 사는 세상에서 '인간'은 어떤 의미를 갖는가. 인간이 다른 생명과 환경의 외침에 귀 기울이지 않는다면 우리 앞에 닥친 급박하고 산적한 문제를 해결할 돌파구를 찾을 수 없을 것이다. 인문학이 생태의 목소리에 답해야 하는 이유다.

3 생태인문학의 국내 및 해외 동향

2010년 교육과학기술부는 변화하는 시대의 움직임을 반영하여 융합인재교육STEAM 정책을 발표했다. 그러나 그에 걸맞는 융합 수업은 아직 미비하며 선행 연구 또한 충분하지 못한 상태다. 여전히 교육 현장에서는 인문학과 자연과학 과목의 융합 지점을 찾지 못하고 있다. 2018년 고등학교 1학년부터 문과·이과 교육과정을 통합함에 따라, 대학 역시 각 학문의 프레임을 활용한 통섭형 교과목 개발이 시급한 상황이다. 이런 시대적 흐름에도 불구하고, 오랜 기간 문과와 이과로 분리 교육을 실시했던 우리나라는 여전히 과학적 사고와 문학적·인문학적 사고가 대치하는 양상을 보인다. 문·이과 통합교육이 발표되었음에도 불구하고 이를 충족시킬 만한 현장의 변화는 아직 미비한 상황이다.

세계를 무대로 살아갈 학생들에게 학문 간 경계를 넘어 사고의 지평을 넓힐 수 있는 과학적 생태 교육과 이를 기반으로 한 인문학 융합 교육의 중요성은 더욱 커지고 있다. 종래의 인문학적 가치와 원리들이 진정 가치 있는 것, 소중한 것, 신성한 것이라는 믿음은 이전

만큼 대중들을 설득하지 못한다. 인문학적 가치에 대한 믿음의 힘이 약해진 데에는, 인간의 감정 및 철학적 사고에 호소하는 종전의 인문학에 과학적 사실이 충격을 가했기 때문이다. 문·이과 분리 교육 속에서 이과생들은 문학적·역사적 기초 소양의 부재로, 문과 생들은 과학적 기초 소양의 부재로 학문의 교류와 융합이 어려운 실정이다. 글로벌 시대로 접어든 세계에서 살고 있는 학생들에게 융합적 교육은 선택이 아닌 필수다.

해외에서는 생태인문학 관련 논의가 얼마나 진행되고 있을까? 미국의 프린스턴대학·UCLA대학·산타바바라대학·오리건대학, 영국의 옥스퍼드대학·에딘버그대학, 호주의 모나쉬대학 등 세계 유수의 대학이 학교 및 연구소의 학부 또는 대학원생들을 대상으로 과목을 개설하여 다양한 방면의 연구를 진행하고 있다. UCLA대학은 2014~2015년 멜론재단Mellon Foundation의 후원을 받아 생태인문학 세미나를 주최했으며, 관련 저널 또한 활발하게 간행하고 있다. 호주 뉴사우스웨일스대학의 저널《Environmental Humanities》은 2012년 12월 첫 출판을 시작했고, 미국의 듀크대학은 2017년 11월에《Environmental Humanities》9호를 발매했다.

4 환경, 생태계, 자연 용어 정리

환경, 생태계, 자연 등 혼재되어 쓰이고 있는 여러 용어를 정의해 보자.

먼저 '환경環境·the (natural) environment'은 문자적 의미를 보면 '둘러쌀 환環', '경계 경境'으로 주체와 구별되는 둘러싼 경계로 해석할 수 있다. 즉, 생물에게 직간접으로 영향을 미치는 자연적 조건이나 사회적 상황 또는 생활하는 주위의 상태를 일컫는다. 일반적으로 우리가 환경이라고 지칭할 때는 인간을 제외한 여타의 생물과 무생물적 조건 등을 뜻한다. 이는 인간중심적 개념이라 할 수 있다.

반면, 생태生態·ecology는 생물이 살아가는 모양이나 상태를 일컫는다. 다시 말해, 각 생명 주체가 가지거나 행하는 삶의 모양이다. 생태학生態學·ecology은 1866년 독일의 동물학자 헤켈Ernst Heinrich Haeckel이 처음 사용한 용어로, '유기체나 유기체의 무리가 자신을 둘러싼 환경과 맺는 관계에 대한 학문'을 의미한다. 그렇다면 생태계生態系·ecosystem란 무엇일까? 1935년 영국의 식물생태학자 아서 조지 탠슬리Arthur George Tansley가 처음 언급한 생태계 개념은 상호작용하는 유기체들, 그리고 그들과 서로 영향을 주고받는 주변의 무생물

환경을 한데 묶어서 부르는 말이다. 그는 자연 생태계가 개방성, 다양성, 상호작용, 공진화共進化를 통해 발전한다고 주장했다. 생태계가 유지되려면 개방 상태에서 순환이 이루어져야 하고, 다양한 생물이 상호작용을 통해 공진화하며 무생물 역시 상호의존적으로 연결되어 있다는 것이다. '환경'과 '생태계'의 중심이 되는 주체 및 중심 개념을 정리해 보면 다음과 같다.

	환경	생태계
관계되는 생명	인간(인간중심적)	모든 생명(생물중심적)
뜻	삶의 조건, 둘러쌈	생물이 살아가는 세계
중심 개념	인간중심주의	상호관계주의

자연自然·nature은 인간과의 상호 관계에 따라 대립, 공존, 포함의 관계가 설정될 수 있다. 자연이 인간에게 위협이나 불안 요소가 되거나 인간에 의한 정복과 지배, 이용과 약탈의 대상이 될 때 자연과 인간은 대립 관계다. 이런 자연관은 자연과 인간을 분리시켜 생각하는 인간중심적 사고다. 공존의 관계일 때 역시 자연과 인간은 분리되며 인간은 자연 밖에 존재한다. 자연이 인간을 비롯한 모든 존재를 포함하는 포괄적 의미를 갖기도 하는데, 이때 인간은 자연의 일부일 뿐이다. 자연과 인간의 관계가 대립인지 공존인지에 상관없이, 첫 번째와 두 번째처럼 인간을 자연과 분리할 경우 자연은 환경과 비슷한 의미로 쓰인다.

5 우리가 가야 할 길

인간과 환경의 관계를 설명하는 데 융합적 사고력이 필요하다는 시대적 요구에 부응하기 위해 학문적 넘나듦이 필요하다. '생태인문학'은 각각의 분야에서 자연 및 환경 등과 연관된 정치, 도덕, 종교 등 복잡한 질문에 대한 현실적 논의를 진전시키는 데 필수적이다. 인문학과 과학기술은 그 근원이 서로 다르지 않다. 생태인문학을 배우는 것은, 이 두 학문이 개인 삶과 공동체의 발전 과정에서 갈등 관계가 아니라 보완적인 관계임을 깨닫는 과정이기도 하다. 더구나 오늘날 과학기술이 다양한 인문학적 감성과 시선을 필요로 하고, 인문학의 발전을 위해 과학기술이 이룩한 가시적 성과들을 활용해야 하는 상황에서 두 학문의 만남은 매우 중요한 의미를 띤다. 다른 영역의 목소리를 듣지 않고 혼자만의 세계에 한정되는 논의만 반복하는 것은, 귀를 막고 앞만 보며 나아가는 것과 다르지 않다.

'환경' 개념은 원래 존재하던 자연 개념에서 확장되어 인간에 의해 생산된 인공적 산물도 포함하게 되었다. 이러한 환경 개념의 변화는 인간의 생태적 지위의 변화를 이끌고, 가까운 미래에 인문학 및 생태인문학에도 중대한 영향을 미칠 것이다.

우리는 문학으로 관찰하고 과학으로 감상하는 '생태 이야기'를 통해 두 학문의 낯선 영역을 포섭하고자 한다. 음식, 생명의 다양성, 기후 및 환경뿐 아니라 인간의 생태계 안으로 성큼 다가오고 있는 인공지능과 로봇이 함께 만들어 갈 새로운 생태계 내에서 인간의 위치와 가치는 무엇이지 고찰하며, 인문학과 생태계(넓게는 자연과학)가 만나는 접점을 탐색하여 융합의 장을 펼치고자 한다. 각 장의 주제가 매우 긴밀하게 유기적으로 연결되어 있는 까닭에 하나의 소재가 여러 단원에서 고찰·논의될 수도 있는데, 이런 경우 단원의 주제에 집중하여 논의하고자 한다.

우리의 발걸음은 달리기를 위한 시작이다.

2장

문학과 과학으로 보는 생태인문학

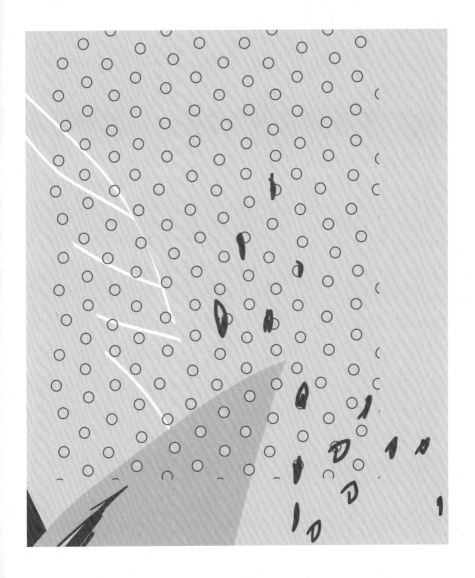

박경리가 물려준 '토지'에서 우리는 안전하게 살 수 있을까?

박경리(1926~2008)의 소설 《토지》는 자연과 인간, 그리고 이를 둘러싼 환경에 관한 이야기를 담고 있다. 박경리는 자연의 이치가 인간 삶의 이치이자 섭리임을 누구보다 잘 아는 작가였다. 자연과 환경에 대한 박경리의 생태의식은 산문집 《생명의 아픔》(2004)에서도 거침없이 드러난다.

> 인간과 모든 생물의 총체, 이 두 개의 대립은 과연 어떠한 것인가. 투사와 반사라는 말을 했지만 일단 그 거대한 조직을 피동적이라 치고 그 피동적인 것에 생명이 능동적으로 힘을 실어 주게 되면 그 반사가 도리어 능동성을 박탈하고 피동적으로 변질시킨다. 그러나 다음은 피동적인 것에서는 힘을 얻을 수 없는 거대한 조직은 피동체로 돌아갈 수밖에 없고 결국은 공멸하게 되는 것이다.   _ 박경리, 〈생명의 문화〉, 《생명의 아픔》

산업화의 확대와 시간적으로 세계가 좁아지면서 변화한 생활방식과 사물에 대한 인식이 결국 환경의 문제로 나타나게 된 것인데, 그러면 환경과 자연은 어떻게 다르며 어떠한 관계일까요. 사물에는 서로 상반되는 모순이 있고 상황에 따라 변화하기 때문에 사실 환경과 자연을 일도양단으로 분리하여 논하기는 어렵습니다. 그러나 일단 생태계의 차원에 모든 생물이 살아가는 환경이라면 자연과 별반 차이가 없습니다. 그러나 인간을 제외한 생물 일체를 자원으로 간주할 때 환경은 인공적 공간으로 그 개념이 바뀌게 되는 것입니다. 이렇게 되면 다소 명료해지는데, 인공적인 환경의 영역이 확대되면 그런 만큼 자연은 축소된다는 결론이 나오고 부연하자면 생물이 서식하는 공동의 공간을 사람들이 독점하여 본시의 것을 허물고 재구성한 곳이 오늘 논의되는 바로 그러한 환경일 것입니다. 그러면 왜 인공적인 환경이 문제가 되는가. 그곳에는 필연적으로 오염과 순환을 저해하는 일들이 발생하기 때문인데, 그러나 그보다 더 절실한 것은 생태계의 파괴인 것입니다. (…) 총체에 대한 인식과 생명의 평등을 인정하지 않는 한 운동은 실패할 것입니다. 자연과 환경은 다 같이 생사유전生死流轉하는 생명체가 삶의 실체를 인식하는 곳입니다.

– 박경리, 〈생명의 문화〉, 《생명의 아픔》

▶ 박경리의 소설 《토지》의 무대인 악양 들판.

근원적인 비극이 끊임없이 이어지는 이 토지 위의 반란, 자연 위의 전쟁은 생물의 엄연한 숙명이자 생명을 가진 이들의 삶이 된다. 그런 자연 위에서 과연 인간의 숙명은 무엇인지를 자연의 이야기를 통해 드러낸 것이 생명존중사상이며, 이것이 소설 《토지》의 골자가 되었다.

박경리는 《토지》를 집필하면서 청계천 복원 사업과 4대강 개발 사업에 대한 본인의 생각을 피력하는 등, 자연스럽게 삶과 자연이 불가분의 관계임을 작품과 일상에서 증명했다. 《토지》를 관통하는 주제의식은 '생명의식'이다. '생명의식'이란 생명을 가진 모든 존재는 성스럽고 평등하게 존중받아야 한다는 것이다. 작가가 엄혹한 식민지 시대를 이겨 낼 수 었던 힘도 생명에 대한 경외감과 자연처럼 꿋꿋하게 버텨 내는 책임감이었다.

> 하나의 생명을 지켜 주기 위해 무수한 살생을 자행하게 되는 것은 어느 경우에 있어서도 마찬가지 일이거니와 한 마리의 꾀꼬리 새끼를 키우기 위해선, 날개가 상한 한 마리의 벌을 위해 슬퍼하던 길상도 매일 살생을 하지 않으면 안 되었다. 그리고 하찮은 미물에게조차 각기 다른 성정이 있는 것을 알았다.
>
> _ 박경리, 《토지》 5권

생명이 있는 모든 존재는 평등하다고 생각한 박경리는 자연의 섭리로서의 '영성靈性'에 주목하고 이를 읽어 내려고 노력했다. 그는 '하찮은 미물에게조차 각기 다른 성정'이 있음을 인정하며, 인간으로서의 살생과 자연의 섭리가 닮아 있으니 이를 경계할 것을 피력했다.

한편,《토지》는 식민지 시대 배 또는 기차를 통해 국경을 넘는 사람들의 모빌리티 동선을 여실하게 보여 주고 있다. 당대 식민지인의 로컬리티 상황을 있는 그대로 생생하게 드러냄으로써 한국인의 자연관을 살필 수 있는 대표적 문학작품이다. 동학당의 활동을 통해 우주와 자연 그리고 인간의 위치를 논하는 장면을 보자.

천지만물을 떠나서 내가 있겠는가. 정을 떠나서 내가 있었겠는가. 정이란 생명을 이루게 하는 것이오. 부부의 근원은 생명을 탄생하게 하고 그 생명을 이루게 함이니 미세한 벌레도 생명을 낳게 할 뿐만 아니라 이루어지게 할 수 있는 곳에 알을 까고 초목도 열매를 맺기 위하여 꽃을 피우며 나비를 부를 뿐만 아니라 땅 속의 진기를 숨 가쁘게 빨아올려 열매를 이루게 함이니 만물의 생사는 더불어 있는 것, 더불어 있다 함은 정으로 엮어졌다. 정이 물物을 다스리고 정이 물로 향할 때 물에도 생명을 부여할 수 있으나 물이 정을 침범하고 다스리려 들 적에는 생명이 깨어져. 만물의 특성이 깨어지고 인성人性도 깨어지고 더불어 있을 수도 없거니와 천지만물은 서로 떠나서 나도 없게 되고 천지만물도 없게 되는 것, 좁게 보고 좁게 생각지 마시오.

_ 박경리, 《토지》 15권

여기에서 염두에 두어야 할 대목은 '천지만물을 떠나서 내가 있겠는가'라는 발언이다. 《손잡지 않고 살아남은 생명은 없다》(최재천, 2014),《세상은 보이지 않는 끈으로 연결되어 있다》(최원형, 2016) 등의 도서 제목과 일맥상통하는 '모든 것은 한 몸'이며 연결되어 있다는 '일체동관분一切同觀分'의 사상이다. 이는 생태인문학을 관통하는 '관계'의 문제와 긴밀히 연결되어 있다.

《토지》의 자연관은 한 마디로 돌봄과 살림, 그리고 보살핌의 자연관이다. 에코페미니즘에서 말하는 '살림'의 미학이 바로 그것이다. 《토지》에서 보여 주고 있는 많은 여성 농민의 노동력은 지리산을 배경으로 한 삶의 터전을 살리는 힘이 된다. 그곳은 당대의 인간이 최소한의 삶을 영위할 수 있게 해 주는 갱생의 공간이다.

《토지》는 평사리와 중국 용정, 진주, 서울, 통영 등을 배경으로 1897년부터 1945년 8월 15일까지 펼쳐진 우리 민족의 역사와 삶을 모빌리티적 진경으로 그려 낸다. 하동 평사리에서 중국 용정, 다시 진주와 서울 등 이동 경로에 따라 등장인물들의 의식의 변화를 엿볼 수 있으며, 모빌리티 요소가 한국 근현대사에 어떻게 반영되었는지 확인할 수 있다.

박경리는 한국문학의 한 획을 그은 대하소설 《토지》의 작가로 유명하지만, 시인으로서도 훌륭한 작품을 많이 남겼다. 그는 시에서도 생명 존중을 바탕으로 한 생태 의식을 전면적으로 드러냈다.

드센 대추나무 밑에
소나무 한 그루
옹색하게 연명하더니만
어느새

말라 버렸네

마른 솔가지 분질러

더덕넝쿨 감아 세워 주며

소나무야

미안하다

인생도 또한 너와 같단다

우주만상 생명 있는 것

모두 恨이로구나

_ 박경리, 〈신새벽〉 중에서

　'소나무야/미안하다/인생도 또한 너와 같단다/우주만상 생명 있는 것/모두 한이로구나'라는 깨달음, 〈신새벽〉의 우주의 섭리에는 시인의 생명존중사상과 일체동관분의 정신이 드러나 있다. 내가 너이고 우주이고 삼라만상이라는 초연결의 인식 논리는 '미안하다'라는 생명에 대한 공감, 동감으로 이어지고 결국 그것을 제 몸처럼 끌어안는다. 어디에 있든 어떤 모습으로 존재하든 인간이 살아가는 섭리와 자연의 원리가 다르지 않다는 인식은, 현재 우리가 지구를 어떤 환경으로 마주하고 있느냐의 문제로 귀결된다.

　생태문학은 '환경문학' 혹은 '녹색문학'으로 분류되는데, 실은 생태문학은 환경문학을 내포하고 있다. 생태문학은 종래의 인간중심주의적 관점에서 벗어나 인간도 생태계의 일부로 파악하며, 모든 유기체가 연결되어 있다는 관점을 지향한다. 예컨대, 독일의 생태학자이자 문학이론가인 마이어-타쉬Peter Cornelius Mayer-tasch가 처음 거명한 '생태시詩'는 '균형과 불균형, 절도와 무절제, 뒤엉킴과 해결 같은 생태학적 주제를 특별히 압축하여 표현하는 것'을 의미한다. 생태문학을 분류했던 호프Jacquie Hope는 생태문학을 '환경과 생태계의 파괴를 직접적이며 사실적으로 서술하는 문학'으로 정의하되 생태 파괴의 원인을 반성하는 데 초점을 두고 있다.

이처럼 자연이나 환경이 문학 속에 직접 드러나지 않더라도 생태계 문제를 심도 있게 다루는 작품은 모두 생태문학으로 간주될 수 있다. 따라서 단순히 생태 파괴의 현황을 사실적으로 그리는 것 자체보다는, 생태 문제를 인간이 어떻게 인식하는가라는 관점이야말로 '생태인문학'이 지향하는 관점이다. 설령 생태 파괴의 현장을 직접적으로 묘사하지 않더라도, 생태 문제와 인간의 문제가 다르지 않음을 인식하는 인문학을 범박하게 '생태인문학'의 범주에 넣을 수 있다.

여기에는 페미니즘적 관점에서 생태계 문제를 바라보고 성찰하는 에코페미니즘적 태도도 공유될 수 있으며, 생태계의 현 상황을 비판하는 것을 넘어 미래의 생태사회를 꿈꾸고 모색하는 '헤테로토피아heterotopia' 담론도 포함될 수 있다. 프랑스 철학자 미셸 푸코Michel Foucault가 제안한 '헤테로토피아'는 '다른heteros'과 '장소topos'의 합성어로 유토피아의 상대적 개념이다. 곧, 현실에 존재하는 장소이면서 모든 장소들의 바깥에 있는 반反공간을 의미한다.

박경리는 생태인문학적 인식을 '생명은 모두 평등하며 인간은 자연의 이자를 가지고 살아가는 존재'라는 '이자론'으로 펼친 바 있다.

평등한 생명의식을 공유하며 실천적 의지를 가진 사람들이 어려운 시절에도 삶의 무게를 지탱할 수 있도록 해 주었던 땅, 토지는 박경리가 지켜 내고 싶은 생명과도 같은 것이다. 헤테로토피아는 박경리의《토지》에서도 분명하게 드러나는데, 단순히 '디스토피아'의 모습으로 그려지지 않는다. 망가지고 회복할 수 없었던 시절에도 생명의식은 디스토피아를 유토피아로 바꿀 수 있기 때문이다. 에코페미니즘의 '살림'의 미학이 그렇고 불교의 생명관이 그러하다.

그렇다면 4차 산업혁명 시대로 진입한 현실에서 헤테로토피아는 어떤 모습일까? 다음 글을 읽어 보고 미래 사회가 지향하는 융합적 세계관이 과연 헤테로토피아를 예단한 것인지 생각해 보자.

데이터교는 유발 하라리가 최신작 '호모데우스'를 통해 예견한 21세기 신흥종교다. 생명과학과 컴퓨터과학의 결혼을 통해 탄생한 이 신생 종교는 인간의 지식과 지혜를 믿는 대신 빅데이터와 알고리즘, 인공지능을 더 신뢰하고 숭배한다. 이 신흥종교는 인간을 단일한 데이터 처리 시스템으로, 역사는 이 시스템의 효율을 높이고 마을-도시-국가-세계로 시스템을 확장하는 과정으로 이해한다. 이제 이 시스템은 인간들이 자발적으로 업로드한 생각과 행동, 신체 정보를 토대로 인간보다 인간을 더 잘 아는 우주적 규모의 신과 같은 존재가 될 것이라고 본다.

(…)

데이터교가 지배하는 미래가 지극히 디스토피아적인 이유는 지금까지 인간이 다른 모든 동물에게 행하였던 일을 인간이 거꾸로 당하게 될 것이라는 예측에서 비롯된다. 인공지능이 두려운 이유는 지적 능력 때문이 아니라 인공지능이 어느 단계를 넘어서면 자아의식을 갖고 인간을 도구화할 것이라는 우려 때문이다. 그런데 그런 예상의 근거는 바로 만물의 영장이라는 우리 인간들이 다른 동물들에게 하고 있는 행동에 있다. 지구상에는 인간보다 많은 가축들이 그들의 자연스러운 삶을 박탈당한 채 인간의 먹거리와 입을 거리, 혹은 투우, 투견, 사냥, 서커스 같은 레저의 대상으로서 사육되어 제 명대로 살지 못하고 죽음을 맞는다. 우리 인간들은 그동안 높은 지적 능력을 앞세워 지적 능력이 낮은 다른 동물들을 철저히 도구화하고 그 과정에서 그들이 느낄 감정과 생명의 존엄성은 철저하게 무시했다. 우리가 다른 동물에게 했던 일들을 인공지능이 우리에게 할 것이라고 짐작하는 것은 지극히 타당하다. 인공지능은 인간을 닮게 만들어졌으되 지적 능력은 인간보다 뛰어나기 때문이다. 그게 우리가 인공지능에 느끼는 공포의 근원이다. 우리가 다른 동물을 희생시켰듯, 우리도 희생당할까 두려운 것이다.

(…)

1516년 토머스 모어는 현실적으로는 존재하지 않는 완벽한 이상향을 그린 소설을 발표하면서 그 이상향에 '유토피아'란 이름을 붙였다. 반면 모든 인간이 불행한 지옥향을 가리키는 '디스토피아'는 1868년 존 스튜어트 밀의 의회 연설에서 처음 등장했다. 한편 현실화된 유토피아를 가리키는 '헤테로토피아'는 프랑스 철학자 미셸 푸코가 유토피아와 대비되는 공간으로 제시한 개념이다. 신혼여행지, 놀이공원, 다락방 같은 헤테로토피아는 모든 문화와 사회에 존재하나 그 존재 방식이나 작동 방식은 다양하고 시대에 따라 변화한다.

데이터교가 지배하는 미래가 유토피아 혹은 헤테로토피아가 될지, 디스토피아가 될지는 결국 지금 우리가 생각하고 선택하는데 달려 있다. _ 김세원, 가톨릭대학교 융복합전공 교수, 〈데이터교와 디스토피아, 헤테로토피아, 유토피아〉, 《에너지경제》, 2017년 11월 14일자.

다음 박완서의 두 편의 글과 박경리, 이청준의 글에서 이들의 생태인문학적 인식이 드러난 부분은 어디인지 근거를 갖고 살펴보고, 유사한 점과 다른 점이 있다면 무엇인지 생각해 보자.

소희 부인의 꽃꽂이 솜씨는 늘 그랬다. 한꺼번에 많은 꽃을 꽂기 때문인지 아무리 가련 소박한 꽃도 그녀의 손을 거치면 탐욕과 귀기가 넘치는 특이한 형상으로 화했다. - 박완서, 《욕망의 응답》

잡다하게 읽은 책 중 어떤 목사님이 죽었다 깨어나서 보고 왔다는 천당 생각이 났다. 그가 보고 온 천당은 바닥은 온통 황금이고 궁정 같은 집은 화려한 보석으로 되어 있더라고 했다. 내가 상상한 천당하고 너무 달라서 더 읽을 마음이 나지 않았다. 내가 그랬으면 하고 그려 보는 천당은 내 고향 마을과 별로 다르지 않다. 풀밭 풀꽃, 논, 밭, 맑은 시냇물, 과히 험하지도 수려하지도 않지만 새들이 많이 사는 산, 부드러운 흙의 감촉이 좋아 맨발로 걷고 싶은 들길, 초가집 등이 정답게 어울린 곳이다.

_ 박완서, 〈한 말씀만 하소서〉, 《그대 아직 꿈꾸고 있는가》

우주는 나요 나는 우주다. 흥복도 내 자신의 것이요 재앙도 내 자신의 것이며 벌레인들 내 자신 아니라 못하리. 날짐승 들짐승도 내 자신이며 간 사람도 내 자신이며 오는 사람도 내 자신, 모든 것은 일체요 또한 낱낱이라. 일체가 같은 것이라면 낱낱은 다른 것, 이 무궁무진함을 어찌 인간이 헤아리고 가늠하리.

_ 박경리, 《토지》 15권

한 번 심거 준 나무를 뭣 땀시 다시 파옵니껴. 나무들은 거기서 그냥 자라 가게 두었어요. 나무나무 한 그루도 다 제 생명을 지녀 사는 것이라 나무의 생명은 내 것이 아니지요. 생명 있는 것을 이리저리 파 옮기는 버릇들이 많은디. 그런 건 모두 그 남의 생명을 너무 내 것이라고들 여기는 탓일 게요. 남의 생명을 내 것이라 우기면 내 생명도 누군가 그렇게 우기고 나설 일이 생길 거 아니겠소. 사람은 사람대로 나무는 나무대로 각기 제자리에서 사는 겝니다. 나무의 생명도 그만 권리는 있는 거외다.

— 이청준, 〈새와 나무〉, 《서편제》

과학이 실험실 문을 열고 나와 사람들이 살아가는 이야기에 다가가려 한다. 인간은 왜 다른 생명과 협력하고 공존해야 하는가? 자연과 과학 현상의 관찰 및 고찰을 통해 인문학을 생태계 안으로 견인해 보자. 식물의 생존 방식을 관찰함으로써 인류의 생태적 삶에 적용 가능한지 살펴보고 인문학적 융합을 시도해 보려 한다. 나무와 꽃이 인류사에서 갖는 상징적 의미는 무엇이며, 이것은 현 시대 이념 및 사고의 흐름과 어떻게 연결되는가?

과학으로 공존의 기원을 찾다

생명은 박테리아에서 시작되었다. 생명은 핵막核膜의 유무에 따라 크게 원핵생물原核生物과 진핵생물眞核生物로 나뉜다. 지구에 등장한 첫 생명체는 원핵생물 형태였다. 그렇다면 지구 생명체의 대부분을 차지하는 진핵생물은 어떻게 출현하게 되었을까? 여러 학설이 있지만 박테리아의 공존에 의해 진핵생물이 탄생했다는 '내부공생설'이 유력하다. 즉, 한 생명이 다른 생명의 공간 안으로 이동함으로써 새로운 생명의 시발점이 된 것이다.

원시 원핵생물이 호기성好氣性 세균을 세포 안으로 삼키면서 막이 함몰되어 핵막이 생기고 호기성 세균은 미토콘드리아가 된다. 호기성 세균은 생명 유지에 필요한 많은 부분을 원시 원핵생물로부터 제공받고 자신의 에너지ATP를 제공한다. 이렇게 두 세균이 공생함으로써 진핵생물이 출현하게 되었다. 여기에 남세균cyanobacteria이 들어와 공생을 선택한 결과 엽록체가 출현했고, 이로써 광합성의 토대가 마련되었다.

생명체의 공간 이동으로 탄생한 진핵생물은 지구가 엄청난 생물다양성을 확보하는 단초가 되었다. '고인물이 썩는다'는 속담은 이동의 중요성을 상징적으로 잘 드러낸다. 이동은 에너지의 전환, 나아가 융합과 포섭을 의미한다. 머무르지 않고 이동하고 다른 것들

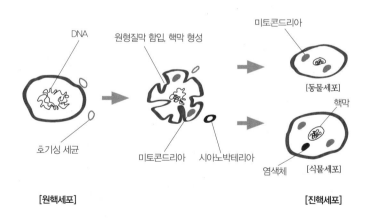

미토콘드리아와 엽록체의 탄생 과정

과 새롭게 교류함으로써 생명이 탄생하고 진화한다.

진핵생물의 출현뿐 아니라, 생태계의 개척자라 불리는 '지의류地衣類' 역시 공존의 작품이다. 지의류는 보통 (녹·청)조류藻類·alga와 곰팡이 같은 균류가 공생하는 복합적인 유기체로 알려져 있다. 균류는 생존에 필요한 양분은 만들지 못하지만 추위나 더위, 가뭄에 견딜 수 있는 보호막 역할을 한다. 곧, 균류는 형태와 구조를 담당하면서 조류에게 수분을 공급한다. 조류alga는 그 안쪽에 살면서 광합성으로 탄소화합물을 만들고, 이를 스스로 양분을 만들지 못하는 균류에게 공급한다.

2017년 7월 《사이언스》지 표지를 '지의류' 사진이 장식했다. 해당호에는 기존에 알려진 균류fungus, 조류alga에 더하여 효모yeast가 함께 공생하는 지의류 52종이 발견됐다는 내용이 담겨 있었다. 새롭게 밝혀진 효모는 기존에 알려진 균류보다 외곽에 위치하면서 지의류의 모양과 색 등을 바꿔 주변 환경에 좀 더 잘 적응할 수 있게 하는 역할을 맡는 것으로 밝혀졌다.

지의류는 남극 같은 극한의 추위를 견뎌야 하는 지역은 물론이고, 혹서 지역, 열대우림이나 사막, 온대지방, 화산 분출 지역 등 어느 기후에서도 생존이 가능하다. 뿐만 아니라 나무줄기, 바위 등 유기체나 무기체를 가리지 않고 자란다. 다른 생물이 살기 힘든 곳에서 가장 먼저 터를 잡고 생장하여 개척자 역할을 한다. 지의류는 이처럼 지구 어느 곳에서나 살아갈 수 있지만 환경 변화에 민감하여 환경오염, 환경 파괴의 지표 역할을 한다.

▶ 바위와 나무 위의 여러 형태와 색깔의 지의류.

생물의 역사는 공존으로 시작되었고, 생태계의 첫 개척자인 지의
류 역시 공존의 작품이다. 대부분의 생물이 더불어 살아야 함을 과학
의 역사가 증명하고 있다. 생물학자 린 마굴리스Lynn Margulis는 "모든
생명체는 공생하는 세균들이 연합해 만든 작은 우주"라고 했다. 이
러한 생물의 진화와 공존의 역사를 통해 인간과 자연이, 또한 사람들
끼리도 협력하고 공존하며 살아야 하는 당위성을 발견하게 된다.

그렇다면 함께 진화의 길을 걷는 공진화에 대해 살펴보자. 지구

상에서 공진화가 가장 잘 이루어지고 있는 사례로, 식물과 곤충 · 새의 아름다운 공존을 들 수 있다. 동백꽃과 동박새의 경우를 보자.

동박새의 부리 길이는 꿀샘까지의 거리와 알맞게 맞아 꿀을 먹기 좋다. 꽃의 가장 아래 부분에 있는 꿀샘까지 머리를 밀어 넣어 꿀을 먹은 동박새는 머리에 노란 꽃가루를 묻히고 나와 다른 동백꽃에게 날아간다. 꿀을 먹기 위해 날아든 동박새가 자신도 모르는 사이 사랑의 전달자가 되는 것이다.

식물과 그를 찾는 매개자들은 수많은 세대를 거듭하며 이렇게 서로에게 맞춰 가면서 진화해 왔다. 이를 공진화共進化라고 한다. 나에게 딱 맞는 사람, 나의 재능을 발휘할 수 있는 일을 동박새처럼 찾아낼 수 있다면 행운일 것이다. 그러나 동박새와 동백꽃이 처음부터 저렇게 서로 맞춤형으로 태어나 들어맞았을 리 없다. 새는 꿀을 잘 먹기 위해 부리의 길이가 서서히 맞춰 졌을 것이고, 동백꽃은 꿀샘까지의 거리를 조정하느라 몇 세대가 흘렀을 것이다. 시간과 공을 들여 서로에게 맞추어 가면서 만족할 만한 진화 결과를 만들어 냈다. _이명희 · 정영란, 《꽃으로 세상을 보는 법》

충매화의 경우는 곤충과 공진화하는 데 이른바 '꿀 안내선nectar guide'의 역할이 결정적이었다.

▶ 협력하고 공존하며 함께 진화의 길을 걸어 온 동백꽃과 동박새.

제비꽃이나 난초 등 많은 식물의 꽃잎에는 선이 있다. 그러한 꽃
잎의 작은 선을 만드는 데도 무시할 수 없는 에너지가 들건만, 꽃
의 입장에서 꼭 필요한 일이 아니라면 이렇게 수고할 리가 없다.
선을 만든 이유는 매개자를 위한 배려이자 표시이다. 태양은 우
리 눈에 보이는 가시광선 영역 이외에도 다양한 파장의 빛을 내
보낸다. 자외선紫外線·UV은 파란색보다 파장이 짧은 영역으로 사
람의 눈에는 보이지 않지만 벌의 눈에는 잘 보인다. 꽃을 자외선
에 투과시켜 찍은 사진을 보면 이 표시가 진하고 뚜렷하다. 그러
니 벌이 꿀샘을 찾아오기 쉽도록 만든 일종의 이정표, 꿀 안내선
이다. 비행기가 활주로를 따라 착륙하듯 벌은 꽃잎의 선을 따라
들어간다. '이 선을 따라오면 꿀이 있어요' 하고 곤충들에게 편
리함을 제공하는 셈인데 이를 영어로 'honey guide' 또는 'nectar
guide'라고 부른다. 벌은 찾아갔던 꽃을 기억해 같은 꽃을 지속

적으로 매개한다. 그리고 꽃의 꿀nectar은 벌의 몸을 거쳐야만 우

리가 먹는 꿀honey이 된다.　　_ 이명희 · 정영란, 《꽃으로 세상을 보는 법》

▶ 제비꽃의 꽃 안내선.

생명의 탄생 과정과 역사를 통해 공존하며 살아가는 생물체들을 살펴보았다. 그런데 공존은커녕 근거 없이 차별받고 혐오의 대상이 되어 버린 생명이 있다. 바로 외래종 또는 귀화 동식물이다.

귀화생물을 바라보는 우리의 모습

귀화생물 중 '귀화식물'이란 재배를 목적으로 들여오거나 또는 공항 · 항만 등을 통해 들어온 수입 물류 또는 여행객에 의해 우연하게 들어오거나 바람이나 해류 등 자연현상에 의해 들어온 식물 등이 국내에서 인간의 인위적 관리 없이 자연적으로 자리를 잡아 지속적으로 생육, 자손 번식, 확산하여 토착화된 식물을 일컫는다. 귀화식물은 목본식물(나무)보다는 초본식물(풀)이 많으며, 우리나라에 들어온 귀화식물의 원산지는 유럽과 아메리카 지역이 많다.

　2011년 '착한 고등학생이 나쁜 외래식물 퇴치단을 만들었다'는 내

용의 기사가 보도되었다. 학생들이 서울 주변 산을 찾아 '서양등골나물' 퇴치 작전을 펼쳤다는 내용인데, 기사는 '착한'과 '나쁜'이라는 이분법적 단어를 사람과 식물에게 적용하고 인간의 득실에 따라 자연의 생물체에 윤리적 잣대를 적용하여 서술하였다. 또한 산山 전문잡지에 숲속에서 보낸 하루를 서술한 에세이가 수록되었는데, 그 글에는 귀화식물인 '미국자리공'을 혐오하는 내용이 담겨 있었다. 귀화식물을 에일리언이나 바퀴벌레에 비유하고 비속어로 미국자리공을 지칭하기도 했다. 숲을 거닐며 귀화식물에 증오 혹은 혐오의 마음을 갖는다면 자연을 자연으로 받아들이지 못하는 것 아닐까?

▶ 대표적인 귀화식물로 대대적인 제거 작업의 수난을 겪고 있는 서양등골나물.

서양등골나물이나 단풍잎돼지풀 등은 매년 대대적인 제거 작업의 수난을 겪는다. 단풍잎돼지풀은 알레르기를 일으킨다는 이유로 퇴치 명단에 올랐다. 사실 알레르기의 원인이 되는 식물은 귀화식물뿐이 아닌데도 단지 외지에서 왔다는 이유로 유독 표적이 되고 있는 것이다.

귀화식물은 먼 타국까지 와서 자손 번식에 성공했으니 생명력의 강인함은 말할 필요조차 없다. 그들은 대체로 척박한 곳에서도 잘 자라는 특성이 있다. 각종 건설과 공사로 파헤쳐져 다른 식물이 살 수 없는 환경에서조차 그들은 선두주자로서 땅에 뿌리를 내리어 불모지를 초록의 땅으로 만든다. 공사 현장에서도 오롯이 예쁜 꽃을 피우는 것이 바로 귀화식물이다.

_ 이명희 · 정영란, 《꽃으로 세상을 보는 법》

꽃은 아주 오래전부터 결혼, 장례, 사랑 고백, 기념일 축하 등 인간의 희노애락을 함께하였다. 꽃은 인류의 문화, 역사의 한 부분을 이루고 있다. 테러가 발생한 현장에는 어김없이 희생자를 추모하는 수많은 초와 꽃이 등장하며, 프랑스 사진작가 마르크 리부Marc Riboud의 〈꽃을 든 여인〉(1967년 워싱턴 D.C. 베트남 반전시위)에서 꽃은 총과 칼, 무력 앞에서 더욱 강했음을 상징적으로 보여 주고 있다. 2017년 대한민국 광화문에 세워진 차벽을 장식한 꽃들은 분열에서

▶ 2019년 뉴질랜드 테러 희생자를 추모하는 꽃.

화합으로 향하는 국민의 발걸음을 상징했다. 그 꽃이 토종인지 귀화식물인지는 중요하지 않다.

　외래종에 대한 무조건적 적대감, 적대적 용어, 혐오는 동식물에만 그치지 않는다. 외국인 특히, 우리나라보다 경제적 지위가 낮은 나라 사람에 대한 적대감이나 불쾌감 등으로 전이 혹은 전환될 수 있다. 이는 사회적 약자, 난민에 대한 의식과도 무관하지 않다. 생태적 이슈가 사회로 이동하여, 사람이 사는 사회와 삶의 가치에 영향을 준다. 우리는 왜 이토록 경계를 넘는 것에 부정적인 가치를 갖게 되었을까. '경계境界'란 사물이 어떠한 기준에 의해 분간되는 한계 또는 지역이 구분되는 한계를 의미한다. 천리포수목원의 설립자 민병갈

선생은 국적의 경계를 넘어 우리나라에 뿌리를 내린 귀화인이다. 그는 평생을 수목원 설립을 위해 헌신했다. 경계를 넘는 이동이 문제가 된다면 인류는 찬란한 문명을 이루지 못했을지 모른다. 서로 넘나들고 흡수하며 경계를 지워 나갈 때 아름다운 꽃이 필 것이다.

귀화식물과 외국인 또는 귀화인을 주제로 한 설치미술 작품을 감상해 보자. 2015년 '올해의 작가상'을 수상한 나현 작가의 〈바벨탑 프로젝트-난지도〉이다. 난지도의 귀화식물을 전시장에 설치된 바벨탑에 심고, 전시장 우물에서는 한국에 살고 있는 이주민들과 해외에서 살고 있는 우리나라 사람들의 인터뷰 영상을 보여 주고 있다. 작가는 "한국은 점점 다문화사회가 되고 있다. 정부 정책은 포용과 관용인 것 같다. 그러나 원래 다민족이었기에 주와 객으로 이주노

▶ 나현, 〈바벨탑 프로젝트 - 난지도〉, 2012년, 혼합재료 설치. 출처: 올해의 작가상 홈페이지

동자를 대하는 건 어패가 있다는 걸 전시를 통해 지적하고 싶었다"
고 밝혔다. 난지도와 귀화식물에 대한 논의는 다음의 인용문과도
맥락을 같이한다.

> 서울의 난지도는 귀화식물이 자리 잡은 대표적인 지역이다. 난
> 지도는 15년 동안 서울 사람들이 삶의 증거로 내다 버린 쓰레기
> 들을 모아 산으로 만든 곳이다. 신의 작품이 아닌 이 인간의 작
> 품은 온갖 오염물질로 인해 생명체가 살 수 없는 공간으로 여겨
> 졌다. 그런데 쓰레기 위에 흙을 덮는 복토 작업을 하고 난 지 2
> 년이 지나 난지도에서 싹을 틔운 생명이 있었으니 바로 외국 국
> 적을 가진 귀화식물이었다. 아까시나무를 비롯해 개망초, 환삼
> 덩굴, 서양등골나물 등이 자신의 터전을 이곳에 마련했다. 그들
> 은 마치 인간의 치부를 덮어 주는 자연의 손길과도 같았다.
>
> _ 이명희 · 정영란, 《꽃으로 세상을 보는 법》

> 한때 '단일민족국가'라는 단어를 꽤나 자랑스러운 단어처럼 배
> 웠던 시절이 있었지만 (…) 2013년 기준, 다문화가정은 75만 명
> 이다. 여기에 국적 취득은 하지 않았지만 경제활동을 하는 외국
> 인 수까지 더한다면 그 수치는 엄청날 것이다. 외국인은 이제 우

리와 함께 사는 식구임이 분명하다. 그럼에도 한국의 외국인노동자 비율은 OECD 국가 중 최저라고 한다. 사람에 대해서도 식물에 대해서도, 정책과 실제 모두 우리가 너무 폐쇄적이라는 사실을 인정해야 한다. 조선의 쇄국정책이 아직도 암암리에 계속되고 있는 것일까?   _ 이명희 · 정영란, 《꽃으로 세상을 보는 법》

외래종 또는 귀화 동식물의 유입이 사회적 이슈로 떠오르고 방송 매체를 통해 많이 알려졌다. 변화는 자연의 속성이다. 그러나 변화의 속도와 방향이 인위적 개입으로 달라지고 있다. 현대사회는 지구가 하나의 마을처럼 매우 긴밀한 물리적 연결망으로 연결되어 있다. 특히 식물은 동물보다 목적성 없이 우연에 의해 다른 나라로 유입되는 경우가 많다. 이 외래종은 경쟁을 통해 자생종을 감소시키기도 한다. 그러나 고유종과 공존이 가능한 외래종은 오히려 서식지의 생물 다양성을 증가시킬 수도 있다는 점을 간과해서는 안 된다. 분별 없이 무조건적인 부정적 시선이나 정책은 지양되어야 할 것이다.

생태계를 이루는 모든 것은 귀하며 차별받지 말아야 한다. 인간의 손익 면에서 비록 한 개체가 생태계 교란종 또는 침입종으로 낙인찍혔더라도 그렇다. 드라마 〈별에서 온 그대〉(2013~2014)의 주인공만 별에서 온 존재가 아니다. 지구 위 모든 생명체는 물론 무생물도 별에서 왔다. 시적 표현처럼 들리는 '별에서 온 그대'는 과학적 사실이다. 그 과학적 과정을 잠시 살펴보자.

별 내부에서 열에 의해 밖으로 밀어내려는 압력과 중력에 의해 안으로 잡아당기는 압력이 평형을 이루는 동안 수소의 핵융합 반응이 일어나 헬륨이 생성되고 별은 일정한 크기가 유지되며 빛을 낸다. 별의 일생 마지막 단계에서는 C(탄소), Ne(네온), Mg(마그네슘), Si(규소), S(황), Fe(철)이 만들어진다. 이때 중심핵의 질량이 찬드라세카르 한계Chandrasekhar limit인 태양 질량의 1.4배가 넘는 별들은 초신성 폭발을 하고 이 과정에서 금, 은, 우라늄 등 자연계에 존재하는 많은 원소들이 만들어진다. 철보다 무거운 원소는 초신성 폭발로 만들어진다. 별이 살아서 만들지 못한 원소들은 별의 죽음을 통해서 만들어진다. 세상을 이루는 모든 원소는 별에서 기인한다. 우리

▶ 별과 은하수. 세상을 이루는 모든 것은 별에서 왔다.

▶ 코스모스. 코스모스는 질서와 조화의 체계로서의 우주를 의미한다.

몸의 주 구성 성분은 산소(65퍼센트), 탄소(18퍼센트), 수소(10퍼센트), 질소(3퍼센트) 등이다. 별의 탄생과 죽음에서 만들어진 흔적이 우리 몸에 남아 있는 것이다. 귀화식물을 포함한 다른 생명들 또한 다르지 않다.

우주를 뜻하는 영어 단어는 'universe'와 'cosmos'가 있다. 두 단어의 의미를 살펴보면, 우선 universe는 천문학적 의미로 사용되며 천체와 중력장, 여러 형태의 복사(빛)로 구성되어 있는 우주를 의미한다. 존재하는 모든 것, 물질, 현상 등의 총체로서의 우주를 표현한다고 할 수 있다. 반면 cosmos는 그리스어 kosmos에서 유래한 말로, 질서를 뜻하며 혼돈混沌을 뜻하는 카오스kaos에 반대되는 말이다. 즉, '질서정연함' 또는 '질서와 조화의 체계'로서의 우주를 의미한다. 이러한 질서와 조화 속에서 태어난 모든 생명은 존중받아야 한

다. 그들이 경계를 넘어 이동한 귀화생물이라 할지라도 말이다. 이
처럼 과학적 사실과 고찰은 생태계의 모든 구성원이 소중하다는 인
문학적 가치에 당위성과 힘을 실어 준다.

3장

음식과 그린 마인드로 바라보는
생태 이야기

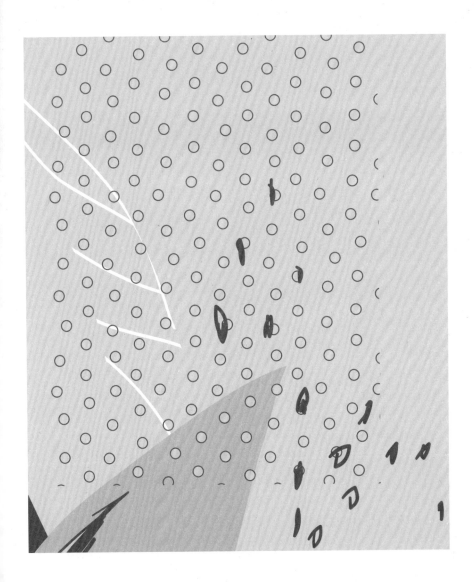

1 '잡식동물의 딜레마'와 그린 마인드

'시체청소부' 인간은 육식으로부터 자유로울 수 있을까. 도대체 고기를 먹는 것이 환경과 어떤 관련이 있기에 개인의 음식 취향을 두고 이래라저래라 말이 많은 것일까. 한강의 소설《채식주의자》와 영화〈채식주의자〉(2010), 황윤 감독의 다큐멘터리 영화〈잡식가족의 딜레마〉(2015), 봉준호 감독의 〈옥자〉(2017)에 이르기까지 문학과 영화에서 채식에 대한 관심과 열기가 뜨겁다. 영화에서 못다 한 이야기를《사랑할까, 먹을까: 어느 잡식가족의 돼지 관찰기》에 담은 황윤 감독은 다음과 같이 이야기한다.

> 들여다볼수록, 먹는 행위가 "단지 취향의 문제가 아니라 세상의 아주 많은 것들과 연결된 대단히 사회적이고 정치적인 일"이었다. 영화를 만들기 전에는 황 감독도 먹는 것이 그저 취향의 문제인 줄 알았다. 하지만 축산의 현실을 알고 난 다음에는 얘기가 달라졌다.
>
> _《한겨레신문》, 2018년 12월 30일자

▶ 영화 〈채식주의자〉 포스터.

또한 나 한 사람 고기를 먹지 않거나 줄인다고 해서 달라질 것이 무엇이냐고 묻는 이들에게, 〈옥자〉의 감독 봉준호는 "영화가 세상을 바꾼다고 믿지 않는다. 다만 현재 상태를 폭로하거나 간명하게 드러내는 정도"라고 답했다(《조선비즈》 2017년 7월 인터뷰).

2020년 오스카상을 비롯한 다수의 상을 휩쓴 봉준호 감독의 경우, 영화가 세상을 바꿀 수 있다는 것을 여실히 보여 주었다. 한강의 《채식주의자》와 영화 〈옥자〉는 개인에 따라서는 불편한 작품일 수 있다. 내가 지금 맛있게 먹고 있는 고기에 대해 굳이 죄책감을 가질 필요가 무엇인가. 제레미 리프킨Jeremy Rifkin의 《육식의 종말》과 유엔인권위원회 식량특별조사관장 지글러Jean Ziegler의 《왜 세계의 절반은 굶주리는가》에서 죄책감의 근원을 찾을 수 있다. 리프킨은 세상을 바꾸려고 《육식의 종말》을 집필했다고 한다. 육식의 패러다임을 바꾸기 위해 작가는 '육식의 종말'을 묻고 있지만, 해답을 찾는 것도 불편한 감정도 해소되지 않는 듯하다. 이런 질문을 환경을 보호하기 위해서가 아니라 생명의 선순환을 위해 불필요한 욕망을 자제하자는 경고문으로 생각해 보자. 죄책감의 정도를 하향 조정해 보는 것이다.

임순례 감독의 영화 〈리틀 포레스트〉(2018)는 정갈한 음식의 아름다움과 농사의 미덕을 조명하며 젊은 세대의 소확행(소소하지만 확실한 행복)을 잘 담아낸 작품이다. 사계절의 아름다운 풍광과 농사 짓기의 과정, 그리고 절기와 젊은 세대의 고민이 잘 어우러지며 계절이 지나가듯 펼쳐진다. 제철의 특징을 살린 음식과 먹거리, 이를 키워 내는 농법을 자연에 순응하는 지혜와 섭리로 풀어낸다.

이를테면, 양파 농사를 지으려고 '아주심기'를 하는 모습이 나오는데, 이는 '양파를 심을 때 건조하고 영양 많은 땅에서 싹을 틔웠다가 나중에 밭으로 옮겨 심어서 더 튼튼하게 뿌리박고 자랄 수 있도록 하는 농사법'이다. 튼튼한 생명력으로 자연의 순환 고리 안에서 자라난 생명들, 그 자연물을 섭취하는 제철음식의 섭생섭리를 감독은 나지막하게 전하고 있다.

이러한 문학 및 문화 콘텐츠의 주제를 상기해 보면, 제철음식을 먹고, 필요 이상의 과소비를 하지 않고, 필요 이상의 육식을 위해 인위적인 동물 사육을 하지 말아야 한다는 것, 악순환되고 있는 먹거리 생태계를 지금이라도 건강하게 되돌려야 한다는 것으로 정리할 수 있다. 동물 사육의 비윤리성과 지구 환경 보호의 관점에서 육식을 줄이자는 이들의 주장은, 철학자 피터 싱어Peter Singer의 입장과 일맥상통한다. 피터 싱어는 '고통을 느낄 수 있는 생명체'를 육식 금지의 기준으로 제안한다. 몇몇 단순 연체동물을 제외한 물짐승 및 기타 짐승들은 고통을 느낄 수 있는 생명체이기에 이를 먹는 습관에서 벗어나야 한다는 주장이다.

영화 〈잡식가족의 딜레마〉에서 말하고 있는 '눈동자를 가지고 있는 타자에 대한 연민'을 외치는 아들의 목소리가 이를 대변하고 있다. "물고기 불쌍해. 엄마, 눈을 뜨고 있는 물고기는 안 먹을 거야." 라는 생명에 관한 아이의 인식 변화를 통해 감독이자 엄마인 황윤 감독은 자연스럽게 육식의 문제를 제시하고 있다.

그렇다면 우리는 무엇을 먹고살 것인가? 한국의 대표 시인 시인 백석의 작품 속에 나오는 우리나라 각 고장의 산해진미와 음식은 자연스럽게 취할 수 있는 고맙고 건강한 것이었다. 생태적으로 건강하게 득할 수 있는 음식이야말로 인간이 먹을 수 있는 음식이며, 고향의 맛이자 욕심 없는 자연의 맛이었다.

최근 제기되는 '그린 마인드Green Mind'는 먹거리뿐만 아니라 생명 있는 것으로부터 얻은 모든 재화를 취하는 과정에서 바람직한 태도가 무엇인가를 고민하는 생각을 일컫는다. 이렇게 환경과 자연에 관한 생각을 담아낸 대표적인 독립출판물로《그린 마인드》를 들 수 있다. 출판물에 사용되는 종이에 대한 이들의 견해를 살펴보자.

아무런 보호 정책이 없어 재생지의 가격경쟁력이 나무로 만드는 종이에 비해 저렴하지도, 종이의 질이 나무로 만드는 인쇄용지에 비해 뛰어나지도 않지만, 그럼에도 우리가 재생지를 찾아야 하는 이유가 여기에 있다. 재생지는 종이가 종이의 원료가 된다는 단순한 생각을 넘어 나무를 지킨다는 간절한 마음을 담고 있다는 것. 이제 종이를 소비할 때 고지가 사용된 퍼센트가 적힌 고지율을 살펴보는 건 어떨까? 소신 있게 재생지를 사용하는 것도 중요하지만, 소신 있게 재생지로 만든 책을 찾는 것도 필요한 때이다.

_《그린 마인드》 인터뷰, '생각비행' 홈페이지

문학작품 및 독립출판물을 통한 생태인문학의 현실적 적용 및 연계의 가능성을 모색하는 것은, 《그린 마인드》의 출발 지점인 자연의 섭리에 관한 의식의 프레임을 전환하는 데서부터 출발한다.

독립출판은 글을 쓰는 창작자들이 직접 서적을 기획하고 편집과 인쇄를 포함한 제작 및 유통까지 책임지는 자립적

▶ 출판계에 새로운 생태문화를 만들고 있는 독립출판물 《그린 마인드》.

모델로, 젊은 기획자들 사이에서 유행하는 새로운 형태의 출판 모델이다. 이들은 거대 자본에 휘둘리는 창작, 유통, 배포 시스템에서 벗어나 창작자와 독자가 직접 만나는 유통 구조를 지향한다. 이윤 추구가 목적이 아닌, 창작 의도를 분명하게 독자에게 전달하는 출판이 가능하려면, 이를 지지하는 건강한 유통 방식과 소비 구조가 구현되

어야 하기 때문이다. 창작자의 메시지를 전하려는 욕구가 독립출판이 성장할 수 있는 원동력이 되고 있으며, 이러한 움직임이 출판계에서 새로운 생태문화를 만들어 가고 있다.

이제 내가 고기를 먹건, 먹지 않건 간에 인간의 욕망이 동물에게 어떤 모습으로 다가서고 있는지 다음 시를 읽고 생각해 보자. 그리고 '육식의 종말'을 통해 지구가 겪고 있는 문제를 해결할 수 있을지 상상해 보자.

북쪽에서는 염소가
브라자를 하고 있다고 한다
나는 웃으려다가 이내 입을 다물었다
사람이 먹어야 하니까
젖을 염소 새끼가 모두 먹을까봐
헝겊으로 싸맨다는 것이다
나는 한참이나 심각해졌다가
그만 서글퍼졌다
내가 남긴 밥과 반찬이 부끄러웠다

_ 공광규, 〈염소 브라자〉

며느리밥풀, 이팝나무, 박태기나무, 조팝나무 등 '밥'과 관련된 이름
을 가진 풀이나 나무가 많다. 특히 밥을 주식으로 하는 우리나라는
식량이 부족했던 시기에 쌀을 연상시키는 형상의 식물에 그런 이름

▶ 며느리밥풀

▶ 박태기나무

▶ 조팝나무

▶ 이팝나무

을 많이 붙였던 것 같다. 우리에게 밥은 음식의 대명사로, 인류가 살아가는 이유인 동시에 목적이기도 하다. 인류의 역사는 존속을 위해 먹을 것을 구하고, 생존하기 위해 끊임없이 걷는 과정이었다. 먹을 것을 구하기 위해 이동하던 인류는 농업을 하면서 정착 생활을 하게 되고, 잉여의 산물로 문명을 꽃피웠다. 생존을 위한 음식 섭취는 이제 충족의 단계를 넘어 과잉의 시대로 접어들었다. 그러나 오늘날 풍요로운 식탁 이면에는 자연과 인간의 생태 변화로 인한 문제들이 자리하고 있다. 과도한 육식은 각종 질병의 원인이 되며, 육식 산업과 관련된 많은 문제가 대두되고 있다. 육식은 단순한 기호나 취향의 차원을 넘어, 생태계에 영향을 미치고 인류의 가치 형성에도 영향을 주는 문제가 되고 있다. 육식과 동물복지 및 인간의 풍요로운 삶의 관계를 바탕으로 음식이 인류 및 지구 생태계에 어떤 철학적 담론의 모빌리티를 이끌어 내는지 살펴보자.

'식구食口'란 '한 집에서 함께 살면서 끼니를 같이하는 사람'을 뜻한다. 한 식구가 된다는 것은 함께 음식을 나누고 함께 일하며 생활을 영위한다는 것이다. 영어권에서도 식구와 비슷한 어휘를 찾을 수 있다. 회사 또는 단체를 일컫는 company는 '함께'라는 뜻의 com-과 빵을 일컫는 pan의 합성어로 우리나라의 식구와 같은 의미를 갖는다. 파생어인 '동반자', '친구'를 뜻하는 companion 역시 마찬가지다. 함께 음식을 나눈다는 행위에 대한 문화적 · 사회정서적 이해의 맥락은 동서양이 같다고 볼 수 있다. 그렇다면 음식을 함께 먹는다는 것은 인간에게 어떤 의미가 있을까? 요리 연구 집단 '모더니스트

퀴진Modernist Cusine'의 창립자 네이선 미어볼드Nathan Myhrvold의 말에서 답을 찾을 수 있다.

"음식은 문화를 창조하고 우리가 누구인지를 정의합니다. 그리고 사람들에게 정체성을 부여합니다. 자신이 하나의 공동체에 속해 있다는 생각을 하게 합니다."

좋은 레스토랑과 실력 좋은 요리사의 음식이 넘쳐나는 시대지만, 누군가에게 특별하고도 맛있는 음식은 세상 어머니의 수와 같을 것이다. 불현듯 어머니의 음식이 그리운 날, 기억과 감정이 밀려오는 순간이 있다. 마르셀 프루스트Marcel Proust는《잃어버린 시간을 찾아서》에서 이런 순간의 강렬한 경험을 다음과 같이 묘사했다.

마들렌 조각이 녹아든 홍차 한 숟가락을 기계적으로 입술로 가져갔다. 그런데 과자 조각이 섞인 홍차 한 모금이 내 입천장에 닿는 순간, 나는 깜짝 놀라 내 몸속에서 뭔가 특별한 일이 일어나고 있다는 사실에 주목했다. 이유를 알 수 없는 어떤 감미로운 기분이 나를 사로잡으며 고립시켰다…. 나는 그 기쁨이 홍차와 과자 맛과 관련이 있으면서도 그 맛을 훨씬 뛰어 넘어섰으므로 맛과는 같은 성질일 수 없다고 생각했다. 그 기쁨은 어디서 온 것일까?

그러다 갑자기 추억이 떠올랐다. 그 맛은 내가 콩브레에서 일요일 아침마다 레오니 아주머니 방으로 아침 인사를 하러 갈 때면, 아주머니가 곧잘 홍차나 보리수차에 적셔서 주던 마들렌 과자 조각의 맛이었다….

그것이 레오니 아주머니가 주던 보리수차에 적신 마들렌 조각의 맛이라는 것을 깨닫자마자(그 추억이 왜 나를 그렇게 행복하게 했는지 당시에는 알지 못했다. 그 이유를 알아내는 일은 훨씬 뒤로 미루어야 했다.) 그 집과 더불어 온갖 날씨의, 아침부터 저녁때까지의 마을 모습이 떠올랐다….

이 모든 것이 형태와 견고함을 갖추며 내 찻잔에서 솟아 나왔다.

_ 마르셀 프루스트, 《잃어버린 시간을 찾아서 1》

▶ 홍차와 마들렌. 프루스트의 《잃어버린 시간을 찾아서》에서 홍차와 마들렌의 맛과 향은 어린 시절 기억과 감정을 떠올리게 하는 계기로 작용한다.

인간이 느끼는 맛은 여러 감각의 종합적 작용의 결과지만, 특히 미각과 후각이 큰 역할을 한다. 《잃어버린 시간을 찾아서》는 '마들렌의 맛' 또는 '마들렌의 냄새'로 번역되기도 하며, 이처럼 냄새로 기억과 감정을 떠올리

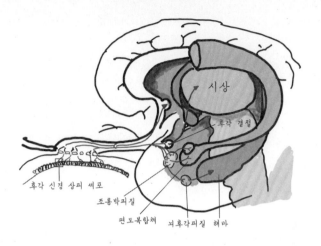

후각 신경 상피 세포
조롱박피질
편도복합체 뇌후각피질 해마
시상
후각 결절

게 되는 현상을 작가의 이름을 따서 '프루스트 현상Proust phenomenon' 이라고 부른다. 문학작품이 과학 연구와 맞닿아 있는 사례다. 이 현상은 2001년 필라델피아에 있는 미국 모넬 화학감각연구센터의 헤르츠Rachel Herz 박사팀에 의해 입증되었다. 후각세포는 뇌의 변연계에 존재하는 편도체와 해마에 연결돼 있다. 편도체는 감정을 담당하고 해마는 기억을 담당한다. 냄새와 연결된 기억이 시각이나 청각을 통한 것보다 감정적 기억을 잘하는 이유다.

음식, 즉 먹이는 생명 유지에 필수적이다. 광합성을 하는 식물과 그 외 몇몇 생물을 제외한 대부분의 생명체는 다른 생명체를 섭취해야만 생존이 가능하다. 엽록체 내에서 일어나는 광합성은 물과 이산화탄소와 빛만으로 화학적 변화를 통해 우리의 생존에 필수적인 탄수화물과 산소를 만들어 낸다. 태양에너지가 생명체로 에너지의 이동이 일어난 것이다.

$$6CO_2 + 12H_2O + 빛 에너지 \rightarrow C_6H_{12}O_6 + 6O_2 + 6H_2O$$

미국의 환경운동가 마이크 폴란Michael Pollan은 "우리가 먹는 음식은 다름 아니라 세상의 몸"이라고 했다. 생태계의 복잡한 관계망은 먹이를 통한 이동의 관계에 따라 연결되어 있다. 곧, 모든 생명체에게 먹이는 생존의 필수 요소이자 다른 생명체와의 '관계'를 의미한다. 인간에게 음식은 생물학적 먹이 이상의 문화적 의미를 갖는다. 인간의 역사는 언제나 음식과 함께였다.

인류의 식생활은 역사를 거듭하며 변해 왔다. 인류 전체 역사에서 인간이 지금처럼 풍족하게 고기를 섭취하게 된 것은 그리 오래되지 않는다. 가축 사육으로 육류 섭취가 지속적으로 증가했고 현대인은 이제 과잉 상태에 접어들었다. 2018년 농림축산식품부의 자료에 따르면, 선진국OECD일수록 육류 소비량이 많고 우리나라의 연간 1인당 육류 소비량은 51.3킬로그램으로 나타났다. 2015년 1인 육류 소비량은 30년 사이에 4배 증가했다고 한다.

육류 섭취의 급속한 증가는 인간에게 적절한 것일까? 농업의 발전으로 인류는 대기근에서 벗어나게 되었고, 축산의 발전으로 육류 소비가 급속도로 늘었다. 인체해부학적으로 잡식동물에 해당하는 인간의 식단에서 육식의 비율은 어느 정도가 적당할까? 해부학적 근거를 바탕으로 현대의 육식 증가 현상에 대해 생각해 보자.

척추동물의 소화관은 먹이의 성질과 양, 먹이 습성이나 체형과 관계가 깊다. 장의 길이를 보자. 초식동물은 식물의 섬유질cellulose을 소화해야 하는데 이때 장내 세균의 도움이 필요하다. 섬유질은 β-D 포도당이 β(1→4) 글리코사이드 결합을 해서 가지 없이 길게 연결되어 있는 형태로 소화액이 아닌 분해균의 도움을 받는다(녹말과 글리코겐은 α(1→4), (1→6) 글리코사이드 결합을 하며 가지가 있다). 그러므로 소화하는 데 긴 시간이 필요하고, 음식이 장에서 머무는 시간이 길어짐에 따라 장의 길이가 길다. 반면 육식동물은 β(1→4) 글리코사이드 결합을 분해할 균이 없으므로 기본적으로는 섬유질을 소화할 수 없다. 단백질이 분해되는 데는 식물보다 시간이 적게 걸리며, 이때 나오는 가스나 독소를 몸 안에 두는 것은 좋지 않기 때문에 몸 밖으로 빨리 배출해야 하므로 장의 길이가 짧다. 미국 콜롬비아대학의 헌팅턴G.S.Huntington 박사는 "육식동물은 대장과 소장의 길이가 짧고 대장이 곧고 평평하지만, 초식동물은 반대로 대장과 소장이 모두 길다"고 밝혔다. 잡식동물인 인간의 장의 길이는 육식동물과 초식동물의 중간에 해당한다.

그렇다면 치아의 구조는 인간의 섭식을 어떻게 대변하고 있을까? 치아는 음식물이 소화기관으로 가도록 씹는 역할을 한다. 치아의 구조는 초식·육식·잡식동물마다 고유의 특징의 갖고 있으며, 각 개체의 먹이를 잡는 방법과 먹이의 종류 등에 적합한 특수한 구조를 하고 있다.

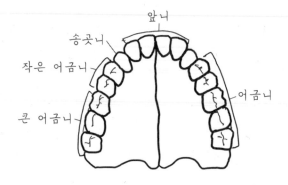

인간의 치아 구조는 4개의 앞니, 2개의 송곳니, 10개의 어금니(4개의 작은 어금니와 6개의 큰 어금니)로 이루어져 있다. 앞니는 채소 등을 자르고, 송곳니는 고기를 찢고, 어금니는 음식을 가는 데 적합하다. 육식동물의 어금니는 2~3개의 뾰족한 끝이 있는 반면 잡식 및 초식 동물의 어금니는 예리한 능선과 뾰족한 끝이 없는 대신 낮고 둥근 모양의 뾰족한 끝을 가지고 있다.

식단은 개인별, 가구별 특성에 따라 다르다. 따라서 인간의 장의 길이나 치아의 구조로 적합한 육식과 채식의 비율을 단언할 수는 없지만, 적정 비율을 가늠하는 척도로 활용할 수는 있다. 해부학적 구조는 그 생명체에게 가장 적합하도록 진화한 결과이기 때문이다. 이러한 해부학적 사실을 바탕으로 인간에게 적당한 육식과 채식의 비율에 대하여, 차이가 있기는 하지만 많은 학자들이 현대의 육식 증가가 과도하다는 데 의견을 같이하며 우려의 목소리를 내고 있다. 실제로 육식의 증가로 인해 많은 건강과 질병의 문제가 대두되고 있지만, 그렇다고 우리 모두가 채식주의자가 되자고 주장하는 것은 아니다. 인간은 잡식동물이기 때문이다. 이 장에서 중점적으로 논의하고자 하는 바는, 육식 또는 채식 위주에 대한 논의보다는 육식 증가의 이면에서 이루어지고 있는 많은 사실을 직시하고 문제점을 인지하며, 이에 따른 윤리적 성찰과 실천적 방법을 고민하는 의식의 전환 기회를 갖고자 하는 것이다.

원시시대 인간은 굶주린 배를 채우기 위해 자연에서 열매와 풀을 얻었고, 고기를 먹기 위해 사냥을 해야 했다. 도구의 발달과 농경생활로 기아에서 벗어나고, 동물을 가두어 키우면서 고기를 얻는 것이 쉬워졌다. 그러나 더 쉽게, 더 많은 고기를 원하는 인간의 욕망은 동물의 삶을 더 이상 생명적이지 않게 만들고 있다. 과도한 육식은 건강에 문제를 일으킬 뿐 아니라, 그 이면에 가축의 대량생산 및 상품화, 생물 상품화에 대한 윤리 문제, 가공 과정의 잔인함, 생물(생명)체의 비즈니스화 및 질병 관리 및 살처분 등, 생명에 대한 윤리적 문제와 함께 환경오염, 생물종 감소 등 많은 문제를 안고 있다. 많은 가축이 사육지의 협소함뿐 아니라 적합하지 않은 사료를 먹어야 하는 반反생태적 삶을 강요당하고 있다. 모든 동물은 섭취하는 먹이나 환경에 적합한 몸의 구조를 갖고 있다. 그에 적합한 생활을 하는 것은 생명체가 삶을 영위하는 데 있어 가장 기본적인 권리다.

육식 양의 증가뿐 아니라 맛 좋은 고기를 원하는 욕구가 높아지면서, 많은 이들이 고가의 가격에도 불구하고 이른바 '등급이 높은' 마블링 고기를 찾는다. 근육 사이사이에 지방이 박힌 마블링 고기는 풍미와 맛이 부드럽다. 하지만 '마블링이 풍부한' 1⁺⁺ 등급 소고기에는 불편한 진실이 숨겨져 있다. 풀을 먹는 소는 초식동물 중에서도 소화 시간이 매우 긴 반추위反芻胃를 가진 동물이다. 생태적으로 건강한 먹이를 먹고 많이 움직이는 소는 근육 사이에 지방이 과도하게 생기지 않는다. 따라서 마블링이 풍부한 육질을 만들기 위해 마땅히 풀을 먹어야 하는 소에게 동물사료(렌더링 사료 등)를 먹이고 마지막 단계에 많은 양의 곡물(옥수수)이 함유된 사료를 먹인다. 초식동물이 육식을 하게 되면 단백질로 인한 독소 때문에 질병에 걸리게 되고 건강한 생명을 지속할 수 없게 된다. 타고난 생리적 원리를 무시당한 채 다른 종류의 먹이를 먹어야 하는 동물들은 기본적인 삶의 권리조차 박탈당한 채 살아가고 있다.

섭취하는 먹이나 공간 등의 사육 과정뿐 아니라 가공 과정, 질병 발생 시 처치 등에 대해서도 윤리적 문제를 생각하지 않을 수 없다. 조류독감이나 구제역이 발생했을 때 이루어지는 살처분은 동물에 대한 폭력이며 환경오염, 생명 경시 풍조의 양산 등 심각한 부작용이 너무나 분명함에도 불구하고 질병이 발생할 때마다 매번 반복되고 있다. 인간의 욕망을 채우기 위해 많은 고기의 생산이 필요하다는 요구와 효율성이라는 명분 아래, 많은 생명이 살아가는 동안에도 죽음의 순간에도 유기적 생명체로서 존중받지 못하고 있다.

수요는 공급을 낳는다. 소비자가 동물복지에 대한 의식과 생명에 고민을 할 때, 공급자를 변화시키고 법과 구체적 정책의 모빌리티를 이끌어 낼 수 있다. 생태적·윤리적 의식의 확산은 의식 그 자체로 머무르지 않기 때문이다.

대량생산의 욕구에 따라 생명체를 효율적으로 생산하기 위해 이루어지는 GMO(유전자 재조합 생물) 및 유전체(게놈) 편집 생물 또한 동물복지 못지않게 중요한 문제이므로 이에 대해 논의해 보자.

인위적 유전자 이동

본론에 들어가기에 앞서 몇 가지 용어를 먼저 살펴보자. 디엔에이 DNA: deoxyribonucleic acid는 아데닌(A)-시토신(C), 구아닌(G)-티민(T)의 네 가지 염기(30억 쌍)로 구성된 이중나선 구조이다. 유전체(게놈 genome)는 한 개체의 모든 유전자(진핵생물의 경우 엑손+인트론)와 유전자가 아닌 부분(반복서열 등을 포함)을 모두 포함한 총 염기서열이며, 한 생물종의 완전한 유전 정보의 총합이라 할 수 있다. 여기서

DNA와 유전자, 염색체

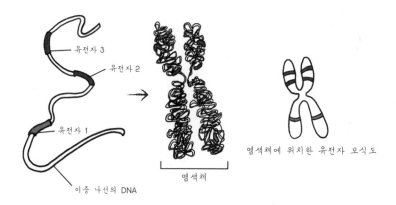

유전자 3
유전자 2
유전자 1
이중 나선의 DNA
염색체
염색체에 위치한 유전자 모식도

유전자gene란 DNA 서열 가운데 정보를 갖는 부분을 칭한다.

인류는 육종을 통해 좀 더 맛있고 병충해에 강하며 품질이 우수한 먹거리를 확보해 왔다. 그리고 현재는 과학의 힘으로 생물체의 유전자를 인위적으로 조작한다. 먼저 유전자 변형 생물GMO: Genetically Modified Organism은 어떤 생물의 유전자에 다른 품종 또는 다른 종의 생물체의 새로운 유전자를 끼워 넣어 재조합한 생물을 일컫는다. 전 세계에서 가장 많이 경작되는 작물 중 하나인 옥수수의 경우 몬산토Monsanto사의 GMO 옥수수가 전 세계를 장악하고 있다. 옥수수는 식품, 동물 사료 및 에너지 생산(에탄올 제조) 등 다양한 곳에 이용되고 있다. 우리나라에 수입된 유전자 변형 옥수수와 콩 등은 여러 형태로 변형되어 각종 된장·간장 등의 장류, 식용유, 액상과당 및 전분 등의 원료로 이용된다.

우리나라의 유전자 변형 작물의 표시에 관한 법규는 2019년 식품의약품안전처 고시에 따르면 다음과 같다. 식품용으로 승인된 유전자 변형 농축수산물과 이를 원재료로 하여 제조·가공 후에도 유전자 변형 DNA 또는 유전자 변형 단백질이 남아 있는 유전자 변형 식품 등은 유전자 변형 식품임을 표시하여야 한다. 유전자 변형 농산물이 비의도적으로 3퍼센트 이하인 농산물과 이를 원재료로 사용하여 제조·가공한 식품 또는 고도의 정제 과정 등으로 유전자 변형 DNA 또는 유전자 변형 단백질이 전혀 남아 있지 않아 검사 불능인 당류, 유지류 등은 GMO 표시를 하지 않아도 된다. 또한 GMO 식품 등의 표시 대상자 중 유전자 변형 원재료를 사용하지 않은 식품(해당 원재료의 함량이 50퍼센트 이상 또는 1순위로 사용된 경우)은 '비유전자 변형 식품', '무유전자변형식품', 'Non-GMO', 'GMO-free'로 표시할 수 있다. 이 경우에는 비의도적 혼입치가 인정되지 않는다. 유전자 변형 생물에 대한 일반 소비자의 인식과 상당한 거리가 있다고 할 수 있다.

다음으로 '게놈 편집Genome editing' 생물에는 2013년에 개발된 일명 '유전자 가위(크리스퍼 캐스9CRISPR Cas9)' 기술이 이용된다. 생물체의 유전체를 '캐스9' 효소를 이용해 목표 부위를 자르거나 붙이는 것인데, 이는 세균이 바이러스에 대한 면역력을 획득하는 메커니즘과 같다. 세균은 과거에 감염됐던 바이러스 유전자 일부를 자신의 유전자에 남겨 둔다. 같은 바이러스가 침입하면 '캐스 9' 효소로 바이러스의 해당 DNA를 절단한다. 이렇게 인체의 면역 메커니즘과 같은 게놈 편집 생물은 흔적을 남기지 않는다.

유전자 변형 생물에 대해서는 찬반 의견이 분분한 가운데, 게놈 편집 생물을 유전자 변형 생물로 봐야 하는지를 두고 새로운 논쟁거리가 더해졌다. 옹호론자는 자연의 돌연변이와 다를 것이 없다고 하고, 반대론자는 돌연변이의 자연 발생 확률이 매우 낮으므로 이를 자연현상에 빗대어 말하는 것은 무리라고 항변한다. 그러나 무엇보다 우려되는 점은, 유전자를 인위적으로 조작한 생물이 자연 생물의 유전자와 섞이는 것이다. 자연의 설계도에 인간의 설계가 개입될 때 그 영향은 아무도 예측할 수 없기 때문이다. 아직 부작용이 나타나지 않았다고 해서, 그것이 부작용이 없다는 의미는 아니기 때문이다.

이러한 윤리적·생태학적 문제를 해결하기 위해 여러 가지 시도가 이루어지고 있다. 그 일례가 실험실 음식이다. 자연에서 얻던 먹거리가 인간의 실험실 안으로 이동 중이다. 미래에는 밭도, 농장도 필요하지 않은 날이 오게 될까?

농장이나 도축장이 아닌 실험실 마크를 달고 시중에 고기가 나올 날이 다가오고 있다. 줄기세포 배양을 통해 네덜란드 마스트리히트대 마크 포스트 교수는 2004년부터 그가 설립한 벤처회사에서 고기를 생산하고 있다. 미국 샌프란시스코의 대안 고기 전문 업체 '저스트JUST'의 조쉬 테트릭 대표는 최근 CNN과 한 인터뷰에서 "2018년이 끝나기 전, 실험실에서 배양해 만든 인공 소시지와 치킨 너겟, 푸아그라 등을 미국과 아시아 각국 마트에서 구매할 수 있을 것"이라고 밝혔다. _《나우뉴스》, 2018년 3월 6일자

질병이나 항생제 염려가 없는 실험실 고기는 미래 사회의 대안으로서 인류를 윤리적 딜레마에서 자유롭게 할 수 있을까? 윤리적 문제에서 자유로워진다고 해도 자연에서 얻던 먹거리를 인공 먹거리가 대체할 수 있을지에 대해서는 아직 미지수다. 음식에 대한 인간의 욕망이 그리 간단하지만은 않기 때문이다.

실험실 고기의 상용화 여부와 무관하게, 도축된 고기를 먹는 우리는 좀 더 실천적인 고민을 해야 한다. 사육 과정에서 동물이 생명체

▶ 육류 공급자의 사진과 이력을 표시한 웨그먼트 마켓의 육류 판매대.

로서의 기본적인 권리를 누리는가, 가공 과정은 적합한가 등에 대한 모니터링을 요구해야 한다. 또한 모든 먹거리에 대해 생태발자국 ecological footprint 줄이기 등을 실천해야 할 때다. 생태발자국이란 자연자원과 서비스에 대한 인류의 수요를 추산한 것으로, 자연자원과 서비스의 공급을 추산한 생태 용량과 함께, 우리 인류가 지속 가능한지를 알 수 있는 중요한 지표다.

　미국 웨그먼트Wegment 마켓에서는 지역에서 생산되는Regionally Sourced 육류를 판매함으로써 생태발자국을 줄이고 항생제와 호르몬을 사용하지 않는 건강한 소와 돼지를 키우고 공급한다. 육류 판매대에는 공급자의 사진과 이력이 공개된다. 무조건 싸거나 보기 좋은 식품만 찾을 것이 아니라, 양을 줄이더라도 제값을 치르고 건강하게 공급된 식품을 찾는 소비자가 늘어나야 건강한 공급자가 양산된다. 개인의 욕망과 소비의 변화는 기업을 바꾸고 생태사슬을 변화시킬 수 있으며 지구를 구한다. 작은 한 걸음이 전체의 모빌리티를 가능하게 한다.

4장

생태계, 생명, 우주의 다양성

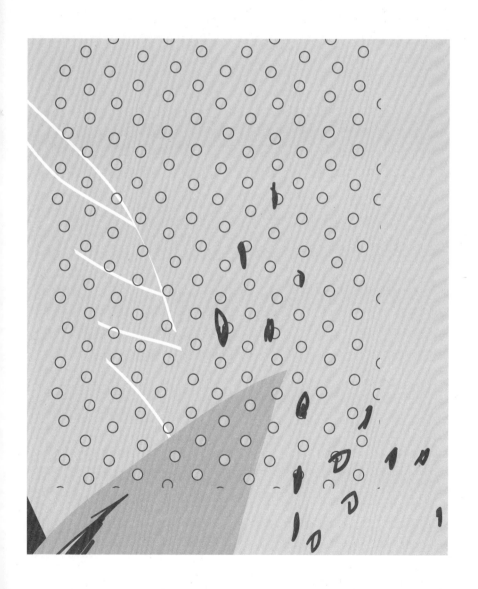

1 에코페미니즘과 생명의 다양성

생명의 다양성과 인간의 욕망은 그 숫자와 비례한다. 이는 박완서의 작품에서도 여지없이 드러난다.

> 삘기, 찔레순, 산딸기, 칡뿌리, 메뿌리, 싱아 밤, 도토리가 지천이었고, 궁금한 입맛뿐 아니라 어른을 기쁘게 하는 일거리도 많았다. 산나물이나 버섯이 그러했다. 특히 항아리버섯이나 싸리버섯은 어찌나 빨리 돋아나는지 우리가 돌아서면 땅 밑에서 누가 손가락으로 쏘옥 밀어올리는 것 같았다.
>
> _ 박완서, 《그 많던 싱아는 누가 다 먹었을까》

작품 속에는 다양한 생명들이 가득 차 있다. 인간이 먹고 입고 즐기면서 만나는 무수한 생명들은 인간의 활용재의 물상으로 존재한다. 그런데 여기서 한 가지 생각해 보자.

생명의 존엄함 또한 생명체의 개수만큼 존재한다. 기존의 문학적 주제가 인간 중심 문제로 집중되어 있었다면 이제는 생명 다양성의 문제로 확산되고 있다.

> 달 호텔에서 지구를 보면 우편엽서 한 장 같다. (…) 지구 여관에 깃들어 잠을 청하는 사람들이 만원이다. 방이 없어 떠나는 새ㆍ나무ㆍ파도ㆍ두꺼비ㆍ호랑이ㆍ표범ㆍ돌고래ㆍ청개구리ㆍ콩새ㆍ사탕나무ㆍ바람꽃ㆍ무지개ㆍ우렁이ㆍ가재ㆍ반딧불이… 많기도 하다. 달 호텔 테라스에서 턱을 괴고 쳐다본 지구는 쓸 수 있는 말만 적을 수 있는 엽서 한 잎 같다.
>
> _ 박용하, 〈지구〉, 《영혼의 북쪽》

박용하의 '지구'는 인간만 사는 공간이 아니다. 그가 말하는 지구는 다양한 생명체들이 하룻밤 잠을 청하는 만원 여관이나 다름없다. 짧은 시간을 살다 가는 생명체라는 점에서 인간과 다른 종의 생명체는 모두 평등하다. 지구 밖 달 호텔 테라스에서 바라본 지구는 작디작은 다양한 생명체가 숨 쉬는 우편엽서 한 장과도 같다.

이렇게 다른 관점에서 생명의 다양성과 생물 문화의 다양성을 이해하는 것은, 다양한 인간관계와 사회를 살펴보는 힘이 된다. 다음은 생명의 다양성에 관한 UN의 입장이다.

인권 전문가이자 웨이크포레스트대학교 국제법 교수인 존 녹스 UN 특별조사위원이 이 보고서를 작성했다. 여러 과학자들은 현재의 생물 다양성 위기가 지구의 6번째 대량 멸종의 시작이라고 경고하고 있다.

"생물 다양성은 식량, 물, 건강을 최대한 누리는 데 꼭 필요하다. 충만하고 행복한 삶을 살 권리에 필수적이다. 건강한 생태계가 전반적으로 제공해 주는 것이 없다면 우리는 인권을 전적으로 즐길 수 없다. 건강한 생태계는 생물 다양성에 크게 의존한다."

(…)

녹스는 이번 달 스위스 제네바에서 열린 UN 인권위원회에서 이 결과를 밝히며, "인권 보호를 위해서는 국가들은 생태계와 생물 다양성을 보호할 의무가 있다"고 결론 내렸다.

_ 《허프포스트코리아》, 2017년 3월 22일

영화 〈오션스oceans〉, 〈아마존의 눈물〉, 그리고 애니메이션 〈바이오-다버시티 코드The BioDaVersity Code〉, 〈내 친구 고라니My Friend Gorani〉에서 보여 주는 생물의 다양성을 통해 인간의 생태학적 위치를 생각해 보자.

〈바이오-다버시티 코드〉는 영화 〈다빈치 코드〉를 패러디한 작품으로, 생물학적 종의 다양성과 지구상 생명체들의 공존의 상호 관계

집중하는 애니메이션이다. 궁극적으로 이 영화의 키워드는 '인류의 생존'이다. 이 영화의 감독 루이스 폭스는 '지구를 구하는 30인'에 선정될 만큼, 인간을 둘러싼 사회 환경문제에 많은 관심을 갖고 인간의 욕심으로 인한 생태계 파괴와 다양한 생물들의 멸종을 다루고 있다. 인간의 욕심의 기저에는, 생물의 멸종과 환경 파괴가 동전의 양면처럼 하나의 문제로 존재한다. 결국 이는 다양한 생물의 멸종으로 이어질 수밖에 없다. 문제를 일으키는 것도, 그 문제에 대한 해답을 찾는 자도, 그 문제의 결과에 책임을 지거나 피해자가 되는 것도 모두 인간이다. 따라서 다양하고도 유연한 생태적 문해력이 그 어느 때보다 필요하다.

임순례 감독은 〈리틀 포레스트〉를 만든 이유를 다음과 같이 언급하고 있다. "다르게 사는 사람들의 모습이 사람들에게 새로운 환기가 되었으면 하는 바람에서 영화를 만들었다." 모든 사람이 한 모습으로 살 수 없듯이, 다른 삶을 있는 그대로 받아들일 수 있는 지혜가 필요하다는 말이다. 그렇다면 생태계 속 생명의 다양성만큼이나 인문학에서의 다양성은 어떻게 설명되고 있을까?

다음은 정신건강의학과 전문의 박한선의 글이다. 다양성을 인정하는 관점은 어떻게 만들어질 수 있는지 생각해 보자.

타협을 모르는 사람이 서로 모이면 갈등이 끊이지 않습니다. 당연한 일입니다. 오로지 굴복하느냐 굴복시키느냐의 문제가 되어 버립니다. 누구는 이런 사회적 갈등이 정반합의 과정을 통해서 변증법적으로 진보하는 역사적 과정이라고 주장합니다. 그러나 과연 그럴까요? 소위 변증법적 발전의 역사적 과정 중에 얼마나 많은 사람이 죽고 다쳤는지 생각하면 정말 비인간적인 주장입니다.

인류는 오래전부터 사회적 관계를 맺어 왔고, 타인의 마음을 읽는 능력이 진화했습니다. 이러한 능력은 앞서 말한 각자의 목소리를 가진, 내 안의 자아로 구현됩니다. 내적 대화의 과정을 통해서, 우리는 직접적인 갈등의 상당 부분을 '스스로' 해결할 수 있습니다. 내 안의 여러 자아는 결국 '자기 자신'이기 때문에 타협하기도 쉽습니다. 어차피 승자는 결국 자기 자신이기 때문이죠.

우리 내면 속에는 남자도 있고, 여자도 있습니다. 지혜로운 노인도 있고, 철부지 아이도 있습니다. 이들은 마치 만화영화 〈인사이드 아웃〉의 주인공처럼, 전체 자기를 위해서 끊임없이 토론하고 설득하고 가끔은 싸우기도 합니다. 그리고 우리는 그들이 벌이는 치열한 토론을 '실시간'으로 들을 수 있습니다. 물론 어떤 내적 대화는 '무의식' 수준에서 은밀하게 일어나기도 합니다.

다양성은 바로 한 사람의 마음속에서 시작합니다. 유연한 사고와 타인을 배려하는 마음입니다. 끊이지 않는 사회적 갈등과 첨예한 의견 대립이 우리 사회를 지배하고 있습니다. 서로에 대한 과도한 혐오와 비난, 도덕적 선을 넘은 공격과 모독, 외부인에 대한 악마화와 상대편에 대한 마녀사냥이 멈추지 않습니다.

그러나 갈등의 시작은 바로 개인의 내면에서 비롯합니다. 혹시 여러분의 마음은 단 하나의 의견만이 허용되는 독재 치하에 있는 것은 아닐까요? 당신은 당신의 마음 안에서 '서로 다른 목소리'를 허용하고 있나요? 아니면 오로지 독재정권의 언론 통제처럼, '내 마음의 국영방송'만 인정하고 있는 것은 아닌가요? 그렇게 모두가 자신의 마음에 대한 독재자가 되어 간다면, 결과는 뻔합니다. 독재자와 독재자가 만나면, 결과는 전쟁뿐입니다.

_ 박한선, 〈내면에서 시작되는 다양성〉, 《동아 사이언스》, 2018년 07월 15일

생명의 다양성, 문화의 다양성, 인종의 다양성까지 각각에 대한 인정은 생명이 존재하는 수만큼이다. 인간 사회에서 빚을 지지 않고 살아가는 존재는 없다. 다르면 다를수록 좋다.

2 다르면 다를수록 달라지는 세상

우리는 학교에서 또 부모님에게 '다른 사람에게 친절하고 예의를 지켜야 한다'라고 배워 왔다. 하지만 정작 우리가 사는 세상은 다수에게는 별다른 이견을 보이지 않지만, 다수와 '다른' 소수의 것들에 대해서는 그리 우호적이지 않고 예의도 없는 경우가 많다. '다르다different'는 것이 '틀리다wrong'로 여겨지기 때문이다. '다르다'라는 것은 옳고 그름이나 상하上下의 의미가 아닌, 비교 대상들이 서로 같지 않음을 뜻한다. 반면 '틀리다'는 그릇되거나 어긋남을 뜻한다.

같지 않은 많은 것들이 존재할 때 우리는 다양하다고 표현하며, 다른 것이 많은 세상은 풍요롭다고 할 수 있다. 우리가 '다른' 것이 '틀린' 것이 아님을 인지하고 많은 다양성을 보호하고 인정할 때, 지구와 지구를 터전으로 사는 생물체 역시 각자 삶의 형태를 유지하며 살 수 있을 것이다. 그런데 삶의 방식이나 생각뿐 아니라 생물체의 다양성이 급격히 줄어들고 그 중요성에 대한 인식이 커지면서 여러 국제적 협약들이 채택되기에 이르렀다.

생물다양성협약CBD: Convention on Biological Diversity은 기후변화협

약, 사막화방지협약과 함께 유엔 3대 환경 협약이다. 이 중 생물다양성협약과 기후변화협약을 통상 '리우협약'이라 하고 1992년 채택, 1993년 발효되었다. 이어 2010년을 '생물다양성의 해'로 정하고 매년 5월 22일은 '세계 생물다양성의 날'로 지정했다.

생물다양성협약의 세 가지 목적은 생물다양성 보전, 생물다양성 구성 요소의 지속 가능한 이용, 유전자원 이용에서 나오는 이익의 공정하고 공평한 분배이다. 다양성의 범주에는 생물종 다양성, 종내의 유전자 다양성 및 생태계 다양성 등이 포함된다. 생태계 다양성이란 비생물적 환경과 생물 간 관계의 다양성을 의미한다. 산과 들, 강과 바다, 습지, 사막 등의 다양한 생태계가 존재할 때 이를 서식지로 하는 생물뿐 아니라 각 생태계 경계의 생물 또한 풍부해진다. 생물종Species의 정의와 분류 기준은 매우 다양하지만 대략 다음 세 가지에 따라 분류한다. 먼저 '생물학적 종'으로 자연 상태에서 교미를 해 그 자손이 대대로 유지되는 집단(예외; 성별이 없는 생물, 단세포 생물 등)을 일컫는다. '형태학적 종'은 외적 특성에 따라 구분하며, 마지막으로 '계통적 종'은 진화 역사를 기준으로 같은 조상을 가지고 있는 것을 의미한다.

이때 종 내의 다양성은 유전자, 즉 각 생물체의 DNA 바코드* 가 다양함을 의미한다. DNA 바코드란 생물종에 대한 일종의 주민등록증ID 역할을 하는 정보이다. 생명체가 가지고 있는 유전자

---

* 국립생물자원관 한반도의 생물다양성 홈페이지(https://species.nibr.go.kr/index.do) 참조.

중 다른 종과 차이가 있어 종 판별에 사용될 수 있는 유전자 영역을 'DNA 바코드'라고 한다. 'ATGC' 염기로 이루어진 DNA의 배열을 비교함으로써 명확한 종의 분류가 가능하다. '국립생물자원관 한반도의 생물다양성' 홈페이지에서는 DNA 바코드가 필요한 이유에 대하여 다음과 같이 설명하고 있다.

첫째, 생물체의 아주 작은 조각, 즉 식물의 뿌리, 동물의 배설물이나 사체의 일부분 등으로도 생물종을 구분할 수 있다.

둘째, 생물체가 발달이나 변태 과정 등 변화의 과정에 있어도 이와 상관없이 항상 일정한 동일 정보를 가진다.

셋째, 외적 형태가 매우 유사하여 구분이 어려운 경우라 할지라도 DNA 바코드는 달라서 구분이 가능하다.

넷째, ATCG의 네 가지 염기 코드로 해석되어 정보의 디지털화가 가능하다. 따라서 종 판별의 표준화, 규격화, 자동화가 가능하다.

다섯째, 표준화된 바코드 기법을 이용하여 신종의 예측이나 미기록 종의 동정이 가능하다.

그러나 이미 알려진 바와 같이 생물 다양성은 시간이 지날수록 감소하고 있다. 생물의 다양성이 감소하는 데에는 상호 연결된 많은 원인이 있겠지만 대표적 원인으로 서식지 감소, 외래종 유입, 남획, 인간의 인위적 간섭 등을 들 수 있다. 멸종 속도가 인류 역사의 그 어느 때보다 빠르게 진행되고 있어 다양성의 감소는 매우 우려할 만

▶ 꽃의 수분을 돕는 벌. 벌이 멸종한다면 인류에게 엄청난 대재앙이 닥칠 수도 있다.

한 수준이다.

그중 벌의 멸종 위기는 대표적인 예이다. 인류가 경작하는 주요 작물의 75퍼센트는 동물을 매개로 수분受粉 작용을 하는데, 그중 73퍼센트를 꿀벌이 차지한다. 그 외 파리(19퍼센트), 박쥐(6.5퍼센트) 말벌(5퍼센트), 딱정벌레(5퍼센트), 조류(4퍼센트), 나비와 나방(4퍼센트) 등이다. 식물과 매개동물은 공존의 방식으로 살아가고 있으며 이들의 생물다양성은 서로에게 큰 영향을 미친다. 꿀벌의 매개식물이 압도적으로 많은 만큼, 인류의 생존이 작은 벌에게 달려 있다고 해도 과언이 아니다.

미국 Bee Informed Partnership에 의하면, 2017~2018년 미국에서 꿀벌 감소율이 70퍼센트 이상인 주가 3개, 50퍼센트 이상인 주가 15개이며 나머지 주도 대부분 30퍼센트 이상의 감소율을 보였다. 서양벌의 경우 2006년 미국에서 최대 40퍼센트의 벌통이 붕괴된 적이 있다. 밖으로 나간 일벌이 집으로 돌아오지 않아 벌집에 남은 여

왕벌과 애벌레가 떼로 죽는 '벌집군집붕괴현상'이 발생한 것이다. 꿀벌 소멸의 원인으로 꿀벌에 기생하는 응애, 전자파, 네오니코티노이드계의 농약, 고압선, 태양 흑점의 변화 등 여러 추측이 나오고 있지만 정확한 원인은 파악되고 있지 않다. 우리나라 역시 벌 감소 현상에서 예외가 아니며, 토종벌의 경우 2008년 낭충봉아부패병이 처음 발생하여 2010년 확산되어 토종벌의 95퍼센트가 사라졌다.

미국 홀 푸드 마켓Whole Foods Market에서 꿀벌이 존재하는 세상과 존재하지 않는 세상을 가상하여 상점에서 사라지는 과일과 채소를 비교한 사진을 공개했는데, 453개 품목 중 52퍼센트에 달하는 237개 품목이 가판대에서 사라졌다. 사라진 품목은 사과, 양파, 망고, 레몬, 가지, 오이, 브로콜리 등이다. 급격히 감소하는 벌을 대신할 로

▶ 꿀벌이 사라진다면 이 사진 속 과일은 얼마나 남아 있을까?

봇벌의 연구도 진행되고 있지만 얼마나 실효성을 거둘 수 있을지는 의문이다. 인간이 경작하는 농작물뿐 아니라 야생에 존재하는 많은 식물 역시 벌에게 수분을 의존하고 있으며, 수분 이외에도 생태계 내에서 벌이 담당하는 역할 또한 가볍게 볼 수 없다. 벌의 존재는 그 어떤 과학적 성과가 인류에게 미쳤던 영향력보다 큰 파장으로 우리에게 다가올지도 모른다.

이렇게 생물 다양성에 대한 중요성이 대두되며 그 가치와 이익이 새로운 문제로 부상하게 되었다. 이에 2010년 제10차 생물다양성협약 당사국총회에서 '나고야의정서'가 채택되었다. 나고야의정서는 유전자원에 대한 접근 및 그 이용으로부터 발생하는 이익을 제공국과 이용국이 공정하고 공평하게 공유(ABS: Access to genetic resources and Benefit Sharing)하도록 한 국제협약이다. 환경부에서 발간한 《나고야의정서 가이드북》과 해양생명자원 ABS 정보지원센터의 내용을 참조하여 나고야의정서에 대한 내용을 살펴보면 다음과 같다.

나고야의정서의 적용 범위는 유전자원과 그 이용에서 발생하는 이익, 토착지역공공체가 보유한 유전자원 관련 전통 지식과 그 지식의 이용에서 발생되는 이익이다. 하지만 의정서 발효 전에 취득된 유전자원을 계속해서 이용하거나continuing use 새로운 용도new use, 또는 추가적으로 사용되는 경우 논란이 있을 것으로 예상된다.

나고야의정서에 따르면, 유전자원에 접근하고자 하는 자는 사전에 해당 유전자원을 보유하고 있는 국가 또는 제공자에게 필요한 정보를 확인하고 해당 국가의 절차에 따라 접근 승인, 사전 통보 승인

등을 받아야 하는 '접근 의무 사항'이 있다. 국가가 자신의 천연자원에 대한 주권적 권리를 가지고 있음에 비추어 유전자원에 대한 접근을 결정하는 권한은 해당 국가의 정부에 있으며, 유전자원에 대한 접근은 국가 입법에 따른다. 이용자는 유전자원으로부터 발생하는 이익을 제공자와 공평하게 공유하는 조치를 취해야 하며, 이익 공유의 내용과 방법 등을 상호 합의 조건에 기술하고 이에 대해 상호 간 합의를 해야 하는 '이익 공유 의무 사항'과, 사전 통보 승인서와 상호 합의 조건서에 대한 국내 규정을 마련하고 유전자원을 이용하는 모든 단계를 확인하는 점검기관 지정을 위한 조치를 취해야 하는 '준수 의무 사항' 등이 있다.

나고야 의정서의 ABS 분쟁 사례를 몇 가지 정리해 보면 다음과 같다.

1. 인도의 기적의 나무로 불리는 '님나무Neem' 분쟁

■ 님나무는 이미 수천 년 전부터 피부질환, 고열 그리고 질병 감염 치유 등에 사용되어 왔으며, 또한 꽃은 아로마 향기와 함께 양질의 꿀을 생산하고, 추출물은 살충제와 같은 곤충 방제에 이용됨.

■ 1994년 미 농무성USDA은 님Neem 오일로 만든 살균제fungicide에 대한 특허를 승인.

■ 유럽특허사무소는 님나무의 사용과 관련된 지식은 수십 년

간 인도와 그 밖의 지역에서 사용되어 왔음을 확인하고 2000년 5월 이 특허를 철회/취소하였음.

2. 식욕 억제제인 남아공 부시맨의 전통 식물 '후디아Hoodia' 분쟁

■ 아프리카 남부에 거주하는 부시맨족族(산족)이 장기간 수렵에 나갈 때 배고픔을 잊게 해 주는 식물인 후디아 고르도니 Hoodia gordonii를 전통적으로 사용해 옴.

■ 남아공 국립연구기관인 과학·공업연구평의회CSIR가 1997년 후디아 성분 중에 식욕 억제 효과를 가진 생리활성물질을 분리하는 데 성공하여 특허를 취득함.

■ 남아공의 변호사는 '사례 없이 전통 지식을 가로채는 것은 생물해적행위biopiracy'라고 주장하여 부시맨족에게 사례를 지불하도록 남아공 과학·공업연구평의회와 영국 제약회사 Phytopharm에 압력을 가함. 현재 칼리할리사막에서 합법적으로 후디아를 수확하는 모든 기업은 부시맨족에게 사용료(벌채료)를 지불하고 있음.

3. 안데스의 산삼이라 불리우는 페루 '마카Maca' 분쟁

■ 마카Maca는 페루가 원산지인 식물로서 안데스의 산삼 또는 천연 비아그라Viagra로 일컬어지고 있음.

■ 2001년 미국 특허청이 Pure World Botanicals사에 마카 추출물인 MacaPure에 대한 특허를 인정함. 이에 대해 페루 농민들

은 생물해적행위라고 반대 운동을 시작함

■ 그 이후 페루에서는 전통적으로 계승해 온 동식물을 해외로
반출시켜 의약품 등을 개발할 경우, 페루 정부와 토착·지역사
회와 일정한 비율로 이익을 공유하도록 하는 법률이 제정됨.

■ 현재 일본의 회사와 페루 토착·지역사회의 농민과 계약을
체결하여 관련 제품을 판매하고 있지만, 향후 ABS 의정서가 발
효된 후에는 페루 정부의 국내법 정비에 따라 사전 동의PIC 및
상호 합의한 계약MAT 등을 통해 이익을 환원해야 할 가능성도
존재함.   _《나고야 의정서 가이드북》, 환경부, 2011년 12월

생물다양성에 대한 중요성을 인식하여 그에 따른 협약도 생기
게 되었지만, 역설적이게도 다양성은 멸종의 역사와 함께한다. 38
억 년 전 지구에 생명체가 나타난 뒤, 지금까지 생명은 번성과 멸종
을 반복하고 있다. 그중에서 생물체의 멸종이 대량으로 일어난 다
섯 번의 시기를 '대멸종 시기' 또는 '대절멸 시기'라 한다. 1차 대멸종
은 4억 5천만 년 전 고생대 오르도비스기 말에 일어났으며 전 생물
종의 85퍼센트가 전멸했다. 2차 대멸종은 3억 6천만 년 전 데본기
말로 70퍼센트가 전멸했다. 2억 5천만 년 전 페름기 말의 3차 대멸
종 때는 95퍼센트의 생물이 사라졌고, 2억 년 전 트라이아스기 말에
는 80퍼센트가 전멸하는 4차 대멸종이 있었다. 가장 최근의 대절멸
은 6,500만 년 전 백악기 말의 5차 대멸종이다. 이때 공룡, 암모나이

트를 포함하여 75퍼센트가 절멸했다. 이때 공룡이 사라진 생태계의 공백을 포유류가 차지하여 번성할 수 있었다.

그렇다면 멸종은 자연의 이치인데 우리는 왜 작금의 멸종에 대해 우려 섞인 목소리를 내는 것인가. 에드워드 윌슨Edward Wilson은 "생물다양성이 견딜 수 있는 임계점을 넘는 순간 생태계 전체가 붕괴해 버릴 것"이라고 경고한다. 인류 출연 전에는 포유류 한 종의 멸종 시간이 50만 년이었으나, 인류 출현 후 한 달에 한 종이 멸종하고 있다고 한다. 현재 지구에는 2천만~1억 종의 생물이 살고 있고 매년 5천~2만 5천 종의 생물이 멸종하고 있다. 이 속도라면 8백~2만 년 후에는 지구의 모든 생명이 멸종될 것이다. 미국 스탠퍼드대 · 프린스턴대 · UC버클리 등 3개 대학 연구팀에 따르면, 인간이 출현하기 이전에 1백 년마다 1만 개 동물 종 가운데 2개 종이 멸종한 것과 비교해 보면, 지난 세기 멸종 속도는 114배나 빠르다. 2015년 국제자연보전연맹IUCN에서 발표한 적색리스트Red List에 따르면 최소한 50종류의 동물들이 매년 멸종 위기에 처하며, 모든 양서류의 약 41퍼센트, 포유류의 25퍼센트가 멸종 위기에 처해 있다고 한다. 또한 미국 듀크대 스튜어트 핌Stuart Pimm 교수 역시 지구에 인류가 출현한 뒤 생물의 멸종 속도가 최소 1천 배에서 최대 1만 배까지 빨라졌다고 경고한다. 멸종 속도에 대한 차이는 연구기관이나 학자에 따라 다르기는 하지만, 인류 출현 후 멸종 속도가 매우 빨라지고 있다는 점에서는 의견을 같이한다.

6번째 대멸종이 진행된다면 그 안에는 인간의 멸종도 포함될 가

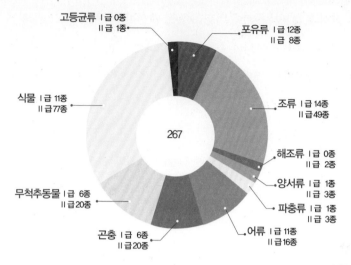

고등균류 I급 0종 / II급 1종
포유류 I급 12종 / II급 8종
식물 I급 11종 / II급 77종
조류 I급 14종 / II급 49종
267
해조류 I급 0종 / II급 2종
양서류 I급 1종 / II급 3종
파충류 I급 1종 / II급 3종
무척추동물 I급 6종 / II급 20종
곤충 I급 6종 / II급 20종
어류 I급 11종 / II급 16종

(단위: 종)

구분	포유류	조류	양서·파충류	어류	곤충류	무척추동물	식물	해조류	고등균류	소계
I급	12	14	2	11	6	4	11	–	–	60
II급	8	49	6	16	20	28	77	2	1	207

우리나라의 경우 멸종 위기 야생 생물은 2016년 총 246종 지정(I급 51종, II급 195종)되었고 2018년에는 총 267종(I급 60종, II급 207종)으로 증가하고 있다. 출처: 환경통계연감 2017 (제30호) 환경부, 2018.

능성이 매우 높다. 더군다나 그 진행을 인류 스스로가 원인을 제공하고 지켜보는 가운데서 말이다. 절벽을 향해 질주하는 기차 안에 앉아 그 사실을 직시하고 있는데 두렵지 않을 자는 없다. 기차는 달리고 있고 우리가 그 기차를 세울 수 있는 시간은 그리 많지 않은 듯하다.

그렇다면 왜 생물은 다양해야 하는가. 우리는 왜 다른 생명 종을 보호해야 하는가. 개발의 필요성이 커지면 반대에서는 보존의 목소리 역시 확대된다. 우리 삶과 아무런 관련이 없어 보이는 도롱뇽과 물고기가 어째서 인류의 효용과 편리를 위한 댐이나 터널, 도로공사보다 중요하다는 것인가. 인간 이외의 생명에 대한 윤리적 책임과 도덕심에만 기대어 모든 이들을 설득할 수 있을까? 아니면 인간 자신을 위한 경제적 이유가 더욱 설득력을 얻을 것인가? 어느 하나를 선택하기는 매우 어렵다. 물론 경제적 이익과 윤리적 이유가 맞아떨어진다면 갈등의 소지는 훨씬 줄어들 것이다.

실제로 이 두 가지 이유는 공존하기도 하고 때로는 대를 세우고 맞서기도 한다. 윤리적 책임이 때로는 경제적 이익 앞에서 한없이 초라해 보일 때도 있다. 그러나 나고야의정서는 윤리적 책임 이외에도 다른 종을 보호해야 할 충분한 이유를 제시한다. 무엇보다 생물다양성은 지속 가능한 발전에 기여한다. 개체군 교란, 환경 변화, 그로 인한 멸종 등 다양한 변수가 작용하는 생태계 내에서 다른 종이 같거나 비슷한 기능을 수행한다면 그 역할을 대신할 수 있다. 일종의 보험과 같은 역할을 하는 것이다. 예를 들어, 도마뱀 한 종이 먹이로 삼는 곤충이 열 가지라면 그중 한두 종의 곤충이 멸종하거나 위기에 처하더라도 다른 곤충이 그 자리를 대신하여 도마뱀의 생존에 미치는 영향을 최소화할 수 있다. 그러나 곤충 종의 감소로 먹이가 되는 곤충이 한두 종만 남는다면 문제는 그리 간단하지 않다. 남은 곤충의 멸종은 도마뱀의 멸종을 의미하기 때문이다. 연결되는 관계의 흔들림은 지속적으로 나타날 것이다.

그렇다면 우리에게 모든 생물종에 대한 보존의 책임이 있는 것일까?《성경》에 '살아 움직이는 모든 생물을 다스려라'라는 문구가 있지만, 이는 인간이 전 생명에 대한 권력이나 능력을 가지고 있다는 의미는 아니다. 오히려 보호하고 지켜 생태계를 훼손시키지 말라는 의미가 아닐까.

모든 생명은 그 자체로 경중을 따질 수 없지만, 생태계 내 위치의 중요성이나 무게는 다를 수 있다. 어느 사회에서나 그렇듯 생태계에서도 핵심적 존재가 있다. 이를 생태계의 키스톤

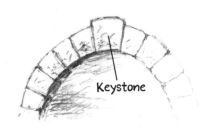

▶키스톤. 전체의 균형을 지탱하는 가장 중요한 돌을 뜻한다.

keystone 또는 핵심종이라 한다. 아치형 건축물 가장 가운데에 위치하여 전체의 균형을 지탱하는 가장 중요한 돌과 같은 역할을 한다는 의미다.

앞서 언급했듯, 꿀벌은 농작물 70퍼센트의 수분을 담당한다. 이 꿀벌이 사라지면 꿀벌에 의존하는 많은 식물이 수분을 못하고 자손을 남기지 못해 지구상에서 사라질 가능성이 높다. 식물이 수분을 하지 못해 열매를 남기지 못하면 열매를 먹이로 삼는 많은 동물들의 생존에도 영향을 미친다. 꿀벌이라는 하나의 종이 생태계 전체에 미치는 영향이 크고 연쇄적이므로, 이때 꿀벌은 키스톤 종이라 할 수 있다. 꿀벌처럼 개체 수가 많지 않더라도 다른 생물의 존재에 연쇄적 작용을 미친다면 그 종이 속한 생태계의 키스톤 종이라 할 수 있

다. 대형 포유류는 그 생존이 주변 생태계 전체에 미치는 영향이 매우 큰 경우가 많으므로 대개 키스톤 종에 해당한다. 반면 '다윈의 난'이라 불리는 앙그라이쿰 세스퀴페달레Angraecum sesquipedale는 크산토판모르가니 프레딕타Xanthopanmorgani predicta 나방에 의해서만 수분이 가능하다. 만일 이 나방이 사라진다고 해도 다윈의 난 이외의 다른 식물의 생존에 미치는 영향은 없을 것이다. 그러나 곤충 한 종과 식물 한 종은 지구 역사의 한 페이지에 이름을 남기고 사라질 것이다.

대한민국의 오늘: 평창의 두 모습

2014년 10월 강원도 평창에서는 제12차 생물다양성 협약이 개최되었다. 제12차 당사국 총회 이후, 우리나라는 2년간 생물다양성 협약의 의장국으로서 활동했다. 이는 국제사회에서 이루어지는 환경 관련 논의에 리더십을 발휘할 수 있는 출발점에 서게 되었다는 점에서 중요한 의미를 가진다. 물론 리더십에는 실천적 책임이 따른다. 그러나 이 회의가 진행되기 전부터 평창 가리왕산에서는 생물다양성뿐 아니라 생명의 윤리, 역사마저 잘려 나가고 있었다.

주목은 성장 속도가 매우 느려 20~30센티미터 굵기로 자라는데도 약 100년이 걸린다. 따라서 지름 120센티미터의 거목이라면 수령은 600~700년, 고려 시대부터 가리왕산을 내려다보고 있던 나무인 셈이다. 평창 동계올림픽 활강경기가 열리는 가리왕산은

(…) 조선 초 백성들의 출입을 통제하고 숲을 보호했다. 이렇게 어명으로 보호해 온 산림자원은 일제시대 (…) 크게 훼손됐다. 그 후 많은 노력으로 현재와 같은 숲이 만들어졌고, 국가는 이 지역 1,980헥타르를 2008년 10월 23일 산림 내 유전자와 종 및 산림생태계 보전 목적으로 지정 관리해 왔다.

가리왕산은 독특한 토양 생태계를 가지고 있다. (…) 겨울에는 따뜻한 바람, 여름에는 차가운 바람이 나오는 풍혈* 현상도 나타나 추운 지방에 사는 주목, 만년석송, 가래고사리, 눈측백나무 등 아한대성 식물종이 자라고 있다. 이러한 조건 때문에 국제자연보호연맹IUCN 적색 목록에 속해 있는 주목이 세대별로 자라고 있는 곳이 바로 가리왕산이다. 가리왕산처럼 어린 주목부터 청년 주목, 장년 주목, 노령 주목까지 세대별로 나타나는 곳은 어디에도 없다.

_《허프포스트코리아》, 2014월 04월 30일

2014년 제12차 생물다양성 협약이 개최되고 있던 평창의 다른 한편에서는 가리왕산의 나무들이 잘려 나가고 풍혈까지 있는 귀한 생태계가 망가지고 있었다. 2018년 2월의 평창 동계올림픽 경기를 위해 2014년 5월 2일, 동계올림픽 스키 종목의 활강 경기장 건설을 위

---

* 풍혈: 여름에 시원한 바람이 나오거나 얼음이 생기기도 하며 겨울에는 따뜻한 공기가 나오는 바람 구멍이나 틈을 말한다. 풍혈은 지구온난화에 취약한 북방 한대성 식물의 피난처 및 잠재적 서식지로 멸종 위기의 생물종을 유지하는 역할을 하고 있다.

한 공사가 본격적으로 시작되었다. 가리왕산에는 6백 살이 넘은 주목을 비롯해 신갈나무, 전나무, 분비나무, 왕사스레나무 등 아름드리 나무들이 많이 서식하며, 나무뿐 아니라 다른 데서 보기 힘든 귀한 식물 또한 많다. 1998년《한국자원식물학회지》에는 중봉과 하봉 일대에서 특산자원식물 26종류, 희귀자원식물 27종류가 발견됐다고 보고되어 있다. 동일한 시간과 공간, 대한민국 평창에서 이율배반적 행사가 진행된 것이다. 대한민국의 현실이다.

종을 지키기 위한 인류의 노력

이미 세계는 생물종에 대한 중요성을 인식하고, 유례 없이 빠른 속도로 멸종하는 종을 지키기 위한 노력을 시작했다. '스발바르 국제종자저장고Svalbard Global Seed Vault'는 북극 노르웨이령領 스발바르제도Svalbard Is.에 있는 국제적인 식물 종자 저장 시설로 2008년 2월 26일에 공식 설립되었다. 총 3개의 지하 저장고가 있으며 각 저장고는 150만 종의 씨앗 표본을 보관할 수 있는데, 2018년 2월 26일 현재 1백만 종의 종자 표본이 이곳에 저장되었다고 발표했다. 2018년 2월 25~27일에는 스발바르 국제종자저장고의 10주년 행사가 열렸다.

세계 중요 작물 종자 3분의 1이 이곳에 보관되어 있으며 저장소는 품종 하나당 씨앗 500개, 최대 450만 종까지 보관할 수 있다. 전 세계 유전자은행에 보관된 씨앗 전부의 2배가 넘는 용량이다. 한국에서도 2008년 6월 9일 아시아 최초로 한국산 벼·보리·콩·땅콩·기장·옥수수 등 국내 작물 씨앗 5천 종을 입고시켰으며, 현재 총 1

▶ 인류의 오래된 미래를 품고 있는 씨앗.

만 5천여 종의 씨앗을 보관하고 있다. 운영과 관리는 북유럽 유전자자원센터NordGen : Nordic Genetic Resource Center에서 맡고 있으며, 운영 비용은 빌 & 마린다 게이츠 재단 Bill & Melinda Gates Foundation을 비롯한 세계 각국 정부와 NGO 단체 등에서 지원받는다.

　스발바르 국제종자저장고는 성서에 나오는 노아의 방주에 비유하여 '최후의 날 저장고doomsday vault'라 불리며 2008년《타임Time》지가 발표한 최고의 발명품 6위에 선정되었다. 설립 목적은 기후변화, 핵전쟁, 천재지변, 자연재해 등으로부터 주요 식물의 멸종을 막고 유전자원을 온전히 보존하기 위한 것이다. 국가나 단체가 종자 저장을 의뢰하면 저장 비용은 원칙적으로 무상이다. 저장고는 지진이나 핵폭발에도 견딜 수 있도록 견고하게 지어졌으며, 천재지변 등으로 전기 공급이 끊기더라도 암반층 안은 영하 3.5도의 자연 냉동 상태가 이어진다. 저장고는 씨앗이 발아하는 것을 막기 위해 늘 영하 18도로 유지된다. 오래된 미래를 위한 인류의 노력은 계속될 것이다.

이 글의 서두에서 언급한 바와 같이, 같지 않은 '다른' 것들로 인해 다양하고 풍요로운 세상이 만들어진다. 이렇듯 생물다양성을 유지하기 위한 인류의 노력 못지않게 중요한 것이 있으니 바로 각 생물이 살아가는 생태적 방식이다. 이는 생물학적 생명을 유지한다는 차원을 넘어선 좀 더 전진적이며 포괄적 개념이라 할 수 있다. 이를 생명다양성生命多樣性이라 한다. 제인 구달Jane Goodall과 최재천 박사 등이 함께하는 이 재단은 생물학적 개념을 사회적 인식과 철학의 장으로 확대시키고 이끌어 냈다.

자연은 어느 한 종이 우점하는 것이 아니라 다양한 생물이 한데 어우러져 사는 모습을 나타냅니다. 그러나 문명 속에서 사는 많은 사람들에게 이러한 다양성은 잘 와 닿지 않는 낯선 개념입니다. 오늘날의 도시는 물론 농촌, 삼림, 습지, 해안 그리고 바다에서도 수많은 생물이 멸종의 위협에 직면해 있지만 잘 알려져 있지 않고 일상생활과는 거리가 먼 문제로 인식되고 있습니다. 인간 사회에서도 다문화 가정과 장애인 등이 여전히 소외 계층이 있지만 당사자 외에는 관심이 적습니다.

생명다양성재단은 한 곳에 존재하는 생물종의 수를 지칭하는 생물학 용어인 '생물다양성生物多樣性' 대신, 인간 이웃을 포함하여 터전을 공유하는 모든 생명과 삶을 방식을 아우르는 '생명다양성生命多樣性'을 핵심 가치로 삼았습니다. 생물과 생명, 이 두 단어의 미묘한 차이가 한자어 문화권 내에서는 인식되지만 영어로 표기할 경우에는 둘이 똑같이 'Biodiversity'로 번역됩니다. 영어로도 다소 협의의 종 다양성만을 지칭하는 인상을 피하고 본연의 취지를 살리기 위해 본 재단은 "Diversity in Life"라는 이름의 홈페이지 도메인을 사용하고 있습니다.

_ 생명다양성재단 홈페이지(http://diversityinlife.org/)

생물의 존재적 다양성을 일컫는 '생물다양성'과 생명의 가치와 삶의 양식에 중점을 둔 '생명다양성'은 모두 생태적 의식과 가치에서 비롯된 개념이다. 인류를 포함한 모든 생명뿐 아니라 여러 형태의 삶의 방식이 존중되어야 한다는 인식은, 우리가 사는 세상의 사회문화적 생태계가 풍성해지고 모두가 행복을 누릴 권리를 지향하기 위한 출발점일 것이다. 생태학이 과학에 머물지 말고 인문학적 가치로 전이되어 만나야 하는 이유다. 2장에서 언급한 바 있는 귀화인뿐 아니라 소수의 삶의 형태에 대한 우리의 인식을, 생물다양성의 확장을 통해 깊이 있는 고찰과 사회적 공론의 장으로 이동시켜야 한다. 우리에게 위험한 것은 평범하지 않은 '다른' 소수들이 아니라 그에 대한 편견이다.

5장

환경을 둘러싼 지구 이야기

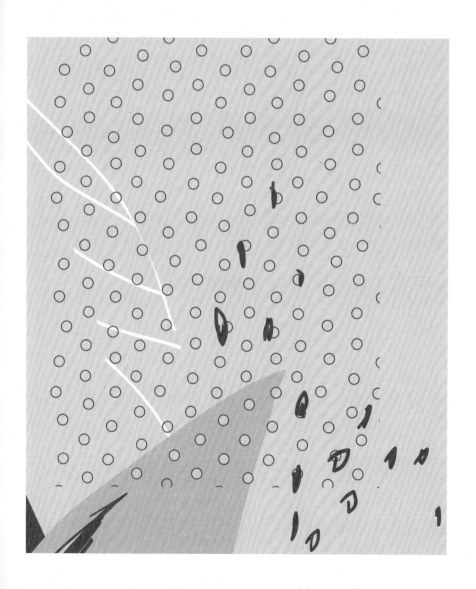

1 천상천하 유아독존의 말로未路

인간은 천상천하 유아독존으로 살 수 없다. 인간은 인간과 사회 그
리고 자연환경과 관계를 맺으며 살아간다. 그 관계 속에서 인간은
어쩔 수 없이 자연을 파괴하고 생존을 위해 무언가를 소비하는 과정
에 놓이게 된다.

생태인문학은 인간
이 처한 환경을 객관
적이고 비판적인 사
고, 윤리적이고 실천
적인 태도로 생태과
학과 정책 상황을 설
명한다. '그린 마인드'
와 '녹색 글쓰기', 그
리고 '그린피스'가 대
표적인 예이다.

▶ 환경문제를 다룬 출판물들과 스틸북스 서점.

그린피스GREENPEACE는 환경에 대한 관심과 핵실험 반대의 뜻을 담아 '녹색 지구'와 '평화' 단어를 조합해 만든 국제적인 환경 보호단체 이름이에요. _ '그린피스' 홈페이지

경제학자 존 벨라미 포스터John Bellamy Foster는 기존의 과학기술중심주의적인 세계관에서 벗어나 "생산양식과 생태의 관계를 재정립하여 자연 생태계와 인간이 상호 의존하는 공동체적인 경제체제로 바꾸는 문명적 전환이 필요하다"(《생태혁명: 지구와 평화롭게 지내기》)고 역설한 바 있다. 이렇듯 자본주의 개발 논리를 넘어 생태인문학의 프레임으로 세상을 바라보려는 시도가 다양한 분야에서 일어나고 있다. 이제 인류가 환경 파괴를 더 이상 지켜볼 수만은 없기 때문이다.

환경 개발로 인한 자연 파괴를 다룬 문학작품은 무수히 많다. 백석의 시와 김동리의 소설에는 자연의 섭리를 따르는 인간과 자연 그대로의 모습을 지니고 있는 풍경들이 잘 드러나 있다. 채만식의《탁류》, 이청준의《새와 나무》, 그리고 미야자키 하야오의 애니메이션〈천공의 성 라퓨타〉, 〈바람계곡의 나우시카〉, 〈원령공주〉 등에서도 자연은 천연의 모습 그대로이다. 영화 〈아바타〉의 배경이 된 행성의 풍경이나 〈황구의 동굴〉에 나타난 몽골의 자연 역시 천혜의 자연 모습을 담고 있다. 반면,《이상한 나라의 앨리스》에 등장하는

모자 장수는 수은중독자이고,《성냥팔이 소녀》의 주인공 소녀는 성냥 속에 다량 함유된 황 중독으로 사망한 것으로 추정된다. 언제부터인가 문학작품 속에서 자연은 더 이상 찾아보기 힘들게 되었고, 그곳에 사는 인간 역시 예전에 찾아보기 힘든 환경 병에 시달리다 죽곤 한다. 이렇듯 환경 파괴 문제는 자연의 파멸이 아니라 인간의 파멸을 의미한다.

다음은 건국대학교 김동윤 교수의 환경에 관한 대담의 일부분이다. 대담에 나타난 생태의식을 통해 현대인의 문제를 생각해 보자.

최근 생태 복원에 관한 책도 쓰셨는데요. 좋은 환경을 만든다는 차원에서 연관된 이야기일 수 있겠습니다.

"가장 중요한 게 먹는 것입니다. 그런데 마트를 가 보면 사람들이 성분이 무엇인지는 잘 보지 않습니다. 맛있고 고소하면 선택하죠. 10년, 20년 먹는다고 했을 때 어떻게 될 것인지. 건강한 음식이 어디서 오는가를 보면 땅에서 오잖아요. 토양이 건강한 게 행복의 조건입니다. 자연이 건강할수록 우리도 건강한데 우리는 그걸 상실했습니다. 하지만 다시 돌아갈 수는 없죠. 우리 문명은 이미 방향을 틀었습니다. 극단적인 산업 문명으로 가는 길에서 폭염도 감수해야 합니다. 여름이 끝났으니 괜찮겠지 생각할 수도 있지만 폭염은 또 옵니다.《르 몽드》에서 특집을 냈는데 2050년 프랑스의 도시 온도가 55도까지 올라간다는 예언을 담았습니다. 우리는 아무도 그런 얘기를 하지 않습니다. 폭염 속에서 인간이 행복하다고 느끼는 사람이 얼마나 될까요. '에어컨을 시원하게 틀었으니 나는 괜찮다, 너는 약 오르지'라고 하는 건 냉소주의입니다. 행복의 적은 냉소주의입니다. 실제로 저는 집에 에어컨도 선풍기도 없습니다. 자동차도 없고 불도 샴푸나 합성세제도 쓰지 않아요."

편리함을 추구할 수도 있지 않습니까?
"시원한 에어컨을 틀고 자동차를 타는 것은 환경에 좋지 않습니다. 이런 편리함을 통해 행복에 이를 수 있다는 건 지극히 이기적인 물질주의 행복론입니다. 행복은 불편을 감수해야 합니다. 재벌이 과연 행복할까요? 모든 편리함의 극치를 누릴 수 있는 사람들이지만, 진짜 행복한지 한번 물어보세요. 저는 지구가 지속 가능해야 한다고 봅니다. 인류의 존망과 지구의 생명과는 관계가 없어요. 수준 있는 인간 문명의 지속 가능성이 핵심이고, 사회를 바꾸고 환경을 개선시켜야 후대가 행복해집니다. 극진히 사랑하는 자녀들이 살아갈 세상이 어떤 세상인지를 사람들은 잘 생각하지 않아요."

요즘 개인주의가 새로운 행복 키워드로 떠오르고 있는데요.
"행복의 문제는 에고이즘과 아무 관계가 없습니다. 세상에서 가장 행복한 사람이라 불리는 마티유 리카르Matthieu Ricard가 있습니다. 프랑스 최고 연구기관인 파스퇴르연구소에서 세포유전학으로 박사학위를 받고 티베트 불교에 매료돼서 달라이 라마의 제자로 들어가서 30여 년간 수행을 합니다. 그리고《행복: 삶의 가장 중요한 기술을 발전시키는 안내서》라는 책을 썼습니다. 행복론의 원조입니다. 최근에는《애타주의Altruism》이라는 책을 썼는데, 당신을 바꾸고 세상을 바꾸지 않으면 행복해질 수 없다는 내용입니다. 물론 혼자만 잘 먹고 잘사는 것도 행복을 가져다주지만 그것은 낮은 수준의 행복이라고 봅니다."

_ 김동윤, 건국대 문화콘텐츠학과 명예교수

다음은 최승호, 홍성암, 그리고 신경림의 글이다. 작품 속에 나타난 환경 파괴의 현상을 진단하고, 자신의 입장과 실천적 대안을 생각해 보자.

무뇌아를 낳고 보니 산모는
몸 안에 공장지대가 들어선 느낌이다.
젖을 짜면 흘러내리는 허연 폐수와
아이 배꼽에 매달린 비닐 끈들.
저 굴뚝들과 나는 간통한 게 분명해!
자궁 속에 고무인형 키워 온 듯   _ 최승호, 〈공장지대〉, 《얼음의 자서전》

마음이 안정되면서부터 다시 멀리 인간들이 풍겨 대는 악취가 스멀스멀 안개처럼 기어오르기 시작하고 있지 않은가? 그것은 밤안개와 더불어 밀려오는 것이기도 했다. 하수구의 퀴퀴한 냄새, 공장의 굴뚝에서 뿜어내는 매연의 냄새, 정화조의 틈서리로 새어 나오는 분뇨의 냄새…, 그리고 수만의 인간들이 만들어 내는 온갖 역겨운 냄새들이 밀려오기 시작했다.

그는 자신이 길게 누워 있는 이 산의 흙과 풀과 나무와 그리고 산들산들 불어오는 바람마저도 인간들에 의해 만들어진 온갖 악취로 오염되어 있다는 것을 새삼 깨닫기 시작했다. 어찌 산뿐인가? 이미 별을 볼 수 없게 된 하늘과 대기마저도 인간의 힘으로는 어찌해 볼 수 없을 정도로 오염되어 있음이 깨달아지는 것이었다. 이 우주 전부가 병들어 썩고 있었다. (…) 그렇다. 말세란 하느님이 인간을 징벌하기 위해서 준비한 것이 아니다. 종말론이란 자정自淨 능력을 잃은 인간 세상을 위해서 한 번쯤 대청소를 해 달라는 인간의 열망을 드러낸 것인지도 모른다. 그러니 말세에 대한 인식은 결과적으로 인간들 스스로가 더 어찌해 볼 수 없게 된 세상을 위해서 하느님이 개입해 주기를 바라는 열망의 표현인 것이다.

_홍성암, 〈그대의 콧구멍〉, 《어떤 귀향》

썩은 실개천에서 그래도 아이들은

등 굽은 고기를 건져 올리고

늙은이들은 소줏집에 모여 기침과 함께

농약으로 얼룩진 상추에 병든 돼지고기를 싸고 있다.

한낮인데도 사방은 저녁 어스름처럼 어둡고

길목에는 고추잠자리 한 마리 없다.

바람에서도 화약 냄새가 난다.

종소리에서도 가스 냄새가 난다

왜 이렇게 되었는가, 언제부터 이렇게 되었는가.

꽃과 노래와 춤으로 덮였던 내 땅

햇빛과 이슬로 찬란하던 내 나라가

언제부터 죽음의 고장으로 바뀌었는가.

번쩍이며 흐르던 강물이 시커멓게 썩어

스스로가 부끄러워 몸을 비틀고

입술을 대면 꿈틀대며 일어서던 흙이

몸 가득 안은 죽음과 병을 숨기느라

웅크리고 도사리고 쩔쩔매게 되었는가.

언제부터 죽음의 안개가 이 나라의

산과 들을 덮게 되었는가

쓰레기와 오물로 이 땅이 가득 차게 되었는가

(중략)

우리는 안다. 썩어가고 있는 곳이
내 나라만이 아니라는 것을
죽어가고 있는 것이 내 땅만이 아니라는 것을

_ 신경림, 〈이제 이 땅은 썩어만 가고 있는 것이 아니다〉, 《어머니와 할머니의 실루엣》

인간의 오만함이 자연을 훼손시킬 때 우리의 문학도 마냥 자연을 예찬할 수만은 없다. 자연과 인간은 하나이다.

2 편리함의 반격, 침묵의 미래

138억 년 전 우주가 탄생하고, 46억 년 전 지구가 생겼다. 원시대기 상태를 거쳐 38억 년 전 바다가 형성되고 이곳에서 생명체가 태어났다. 현생인류는 약 35만 년 전에 이 푸른 별에 등장했다. 미국의 천문학자인 칼 세이건Carl Sagan은 NASA의 자문 조언자로서 많은 반대에도 불구하고 '보이저 1호'의 카메라를 지구 쪽으로 돌릴 것을 지시했다. 그는 "지구는 광활한 우주에 떠 있는 보잘것없는 존재에 불과하다는 것을 사람들에게 보여 주고 싶었다"고 했다. 그렇게 해서 찍은 사진이 '창백한 푸른 점' 지구다. 사진 속에서 지구는 먼지만큼이나 작다. 우리는 이 아름다운 지구에서 어떻게 살고 있는 걸까? 현재 인류는 생존 가능한 행성을 탐사하고 있지만, 그전에 우리의 터전인 지구에서 살아가기 위한 고민과 반성, 그리고 실천이 필요하지 않을까? 우리가 사는 지구 환경을 지키려고 노력한 인류의 발자국을 연대순으로 알아보자.

■ **1970년 제1회 지구의 날**Earth Day

1970년 4월 22일 미국에서 제1회 지구의 날 행사가 열렸다. 유엔에서 2009년 4월 22일을 '어머니 지구의 날International Mother Earth Day'로 공식 지정했다.

■ **1972년 스톡홀름 환경국제대회(유엔 주최)**

UN인간환경회의UNCHE에서 산성비를 국제적 이슈로 제기하였다. 환경문제를 국제적 의제로 설정하고 인류 최초로 합의한 선언이며 국제환경법의 원형이라 할 수 있다.

■ **1979년 월경성**越境性 **장거리 이동 대기오염 물질에 관한 협약**

1960년대 말 스웨덴 학자들이 영국 등 주변 국가의 대기오염 물질로 호수가 산성화되었음을 밝혔다. 1975년 스웨덴 등 북유럽 대표들이 국경을 넘는 대기오염 문제를 공식 제기하여, 1979년 스위스 제네바에서 협약이 채택되고 1983년 3월에 발효되었다.

■ **1983년 브룬틀란위원회**Brundtland Commission

필요를 충족시키는 발전과 제한 즉, 지속 가능한 발전이라는 용어를 중심으로 전개되었다. 미래 후손들이 빈곤에서 벗어나기 위해 개발 노력을 하는 동시에 환경을 보호해야 한다는 것이다. 1987년 〈브룬틀란 보고서〉(우리 모두의 미래)는 지속 가능한 발전의 의미를 처음으로 정의했다.

■ 1985년 오존층 보호에 대한 비엔나협약

■ 1987년 몬트리올의정서

오존층 파괴 물질인 염화불화탄소CFCs의 생산 및 소비량을 감축하기
위한 협약이다.

■ 1988년 기후변화에 대한 정부 간 협의체IPCC: Intergovernmental Panel
on Climate Change

세계기상기구WMO와 유엔환경계획UNEP이 공동으로 설립한 유엔 산
하 국제 협의체로, 인간 활동에 대한 기후변화의 위험을 평가하는 것
이 임무이다.

■ 1992년 유엔기후변화협약UNFCCC: The United Nations Framework
Convention on Climate Change

브라질 리우에서 온실 기체로 인한 지구온난화를 줄이기 위해 맺은
국제협약이다.

■ 1997년 교토의정서

기후변화협약FCCC의 청정개발체제, 공동이행제도, 국제배출권 거래
제와 같은 구속력 있는 의무조항이 포함되었다.

■ 2007년 지구의 시간Earth Hour

지구의 시간은 '지구를 위한 1시간'이라는 뜻으로, 1년에 하루 60분 동안 소등하여 지구를 쉬게 하자는 취지의 국제 환경 캠페인이다. 과도한 에너지 사용으로 인한 기후변화의 심각성을 생각해 보면서, 실제 온실가스 배출량도 줄이는 게 목적이다. 2007년 호주 시드니에서 시작된 이 캠페인은 《시드니 모닝해럴드》지와 세계자연보호기금wwf 주도로 진행된다. 매년 3월 마지막 주 토요일에 뉴질랜드에서 시작해 순차적으로 전 세계가 정해진 시각에 전등을 끈다.

■ 2015년 파리기후협약

2020년 만료 예정인 기존의 교토의정서를 대체하고, 선진국과 개도국 모두가 참여할 수 있는 합의 체제를 마련하기 위한 협약이다.

교토의정서와 파리협정의 차이점

구 분	교토의정서	파리협정
적용 기간	2008~2020 (1기: 2008~2012, 2기: 2013~2020)	2020~ (종료 기간 없음)
목표	온실가스 배출량 감축 (1기 평균 5.2퍼센트, 2기 평균 18퍼센트)	2℃ 목표, 1.5℃ 목표 달성 노력 (2018년 10월 6일, 〈지구온난화 1.5℃〉 특별보고서)
범 위	주로 온실가스 감축에 초점을 둠	온실가스 외에 적응, 재원, 기술 이전, 역량 배양, 투명성 등 포괄함
감축 의무 국가	선진국(38개국)	모든 당사국(197개)
목표 설정 기준	특별한 언급 없음	진전원칙

■ 2017년 8월 미국 파리협정 탈퇴 의사를 유엔에 통보

* 국제레짐international regimes은 일반적으로 국제 관계의 특정 쟁역에 있어서 국가들에 의해 합의가 된 명시적 혹은 묵시적인 규칙을 지닌 제도로서 관습을 포함한다.

우리나라의 행보를 간략하게 정리하면, 2010년 녹색성장 기본법 제정, 2012년 글로벌 녹색성장기구 가입, 2015년 배출권 거래제법 시행, 2016년 11월 파리협정 비준안에 동의했다.

최근 가장 큰 지구의 이슈로는 환경오염과 함께 지구온난화를 꼽을 수 있다. 지구온난화는 지구의 온도가 올라가 덥다고 느끼는 단순한 체감의 문제가 아니기 때문이다. 대기 중에서 일어나는 각종 물리 현상은 기상이라 칭하고(기압, 기온, 상대습도, 바람 등), 기후는 어떤 장소에서 매년 되풀이되고 있는 대표할 만한 정상 대기 상태의 모든 현상을 말한다. 최근의 기후변화는 매우 이례적이다. 기후변화는 각종 기후 재난뿐 아니라 생태계의 변화, 생물종의 감소를 이끌고 이는 인류의 생존과 직결된다. 따라서 이는 전 지구적 문제이자 전 인류적 문제다. 기후변화의 원인을 몇 가지로 모두 설명할 수는 없겠지만, 크게 지구 자체의 변화와 인간의 영향에 의한 변화로 나누어 살펴보자.

지구의 자연적 요인 중 빙하는 기후변화의 가장 민감한 지표의 하나로 인식된다. 지난 1백만 년 사이에 일어난 가장 주목할 만한 기후

변화 과정은 빙하기와 간빙기의 순환이다. 빙하의 변화는 잠정적으로 기후에 영향을 줄 수 있는데, 2007년 IPCC 4차 보고서는 지구가 향후 3만 년간 자연적 과정에 의하여 빙하기로 접어들 가능성이 없다고 밝히고 있다. '밀란코비치 주기Milinkovitch cycle'는 빙하 변화 원인의 하나이다. 이는 지구 공전 궤도 이심률(공전 타원 궤도의 일그러진 정도)과 자전축 경사의 변화(약 4만 1천 년 주기로 2.4도의 폭으로 변하며 그 범위는 22.1~24.5도), 세차운동(지구의 자전축이 회전하는 운동) 등 복합적 요인에 의한다. 이 요인들의 변화에 따라 지구에 도달하는 태양에너지의 양과 장소가 변하게 되며 지구의 간빙기와 빙하기를 일으키는 데 중요한 요인이 된다는 수학적인 가설을 '밀란코비치 주기'라고 한다. 그런데 약 1만 3천 년 전, 예상치 못한 갑작스런 빙하의 변화가 있었다. 이 변화는 영거 드라이아스기Younger Dryas Event에 의한 것이었다. 빙하기가 절정이었던 2만 년 전을 기점으로 지구의 기후가 점차 따뜻해지면서 약 1만 3천 년 전 빙하가 녹은 차가운 물이 대양으로 흘러 들어갔고, 적도를 지나며 더워진 물이 흘러가던 북대서양으로 이 차가운 물이 갑자기 들어오며 해양컨베이어벨트 순환에 영향을 미치면서 북대서양에 공급되던 열이 중단되었다. 지구 온도가 짧은 시기에 급격히 떨어지면서 약 1,200년간 다시 빙하기를 겪었다. 이 시기를 영거 드라이아스기라고 부른다. 드라이아스 *Dryas octopetala var. asiatica* (Nakai) Nakai는 고위도 고산지역의 추운 기후대에서 자라는 장미과의 상록 소관목으로 우리말로는 담자리꽃나무라 불린다. 지구 온도가 올라가면서 추운 기후에 사는 담자리

출처: IPCC

꽃이 높은 지대로 물러나다가 갑자기 추워진 기후에 좀 더 아래쪽으로 내려와 다시 번성한 데서 붙여진 이름이다. 영화 〈투모로우〉에서는 이 현상이 인간으로 인해 재연될 수도 있음을 경고하고 있다.

약 11년을 주기로 증가하는 태양의 흑점 수 역시 지구 자기장에 혼란을 주어 기후변화를 초래한다. 많은 자연적 원인에 의해 지구의 기후는 변동해 왔다. 그러나 인간의 활동이 지구의 미치는 영향이 커지면서 자연적 원인 못지않게 되었다. 인류가 노력해야 하는 영역은 바로 인류가 원인을 제공한 부분이다. 그중 가장 큰 원인의 하나인 온실가스에 대해 알아보자.

교토의정서의 규제 대상 온실가스는 이산화탄소, 메탄가스, 수소불화탄소, 과불화탄소, 육불화황 및 아산화질소 등 여섯 가지다. 지구온난화에 기여하는 영향력의 정도를 수치화한 것을 지구온난화지수라 하는데, 국토환경정보센터에 따르면 이산화탄소를 1로 할 때 메탄 21, 아산화질소 310, 수소불화탄소HFCs 1,300, 과불화탄소 PFCs 7,000 그리고 육불화황SF6은 2만 3,900이다. 이산화탄소는 온난화지수는 작지만 양적으로 매우 많은 비율을 차지한다. 지구온난화 현상이 인간에 의해 발생한 것으로 알려지면서 이를 줄이려는 다양한 정책과 노력이 대두되고 있다.

산림 벌채와 바이오 연료, 농업 및 축산을 위한 열대우림의 토지 개발 등으로 나무와 토양에 저장된 탄소가 대기로 방출되고 화석연료가 연소되어 이산화탄소가 발생한다. 이산화탄소 농도는 빙하기 때 200ppm, 산업혁명 이전에는 280ppm, 현재는 400ppm이다. 현재 이산화탄소 농도의 증가 원인을 설명할 수 있는 자연적 과정은 밝혀진 바가 없다. IPCC는 제4차 보고서에서 '기후변화가 인간의 활동

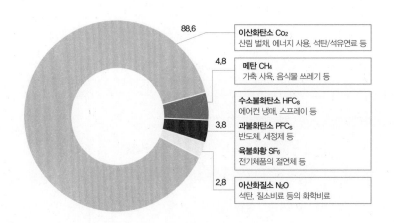

교토의정서의 규제 대상 6대 온실가스

88.6   이산화탄소 CO_2
산림 벌채, 에너지 사용, 석탄/석유연료 등

4.8   메탄 CH_4
가축 사육, 음식물 쓰레기 등

수소불화탄소 HFCs
에어컨 냉매, 스프레이 등

3.8   과불화탄소 PFCs
반도체, 세정제 등

육불화황 SF_6
전기제품의 절연체 등

2.8   아산화질소 N_2O
석탄, 질소비료 등의 화학비료

에 의해 초래되었을 가능성이 매우 높다'고 하였다. 21세기 초, 지구 표면의 평균기온은 1980년에 비해 0.8도 정도 상승했다. 2만 년 전에서 1만 년 전까지 지구의 평균기온은 약 5도 상승했는데, 최근의 온난화는 이보다 1백 배의 속도다.

　찰스 데이비드 킬링Charles David Keeling이 1958년부터 하와이에 있는 마우나로아관측소Mauna Loa Observatory에서 매일 이산화탄소의 양을 측정하여 작성한 그래프를 '킬링 곡선'이라 부른다. 킬링 곡선은 매년 이산화탄소의 양이 뚜렷하게 증가하고 있음을 보여 주며 현재는 400ppm에 가까운 수치를 보이고 있다. 또한 1년을 주기로 이산화탄소의 농도는 상승과 하강을 반복하는데 이는 식물의 광합성

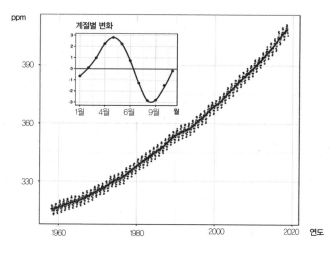

마우나로아 관측소에서 작성한 대기 중 CO_2 농도(1958~2018)

저작자: Narayanese, Sémhur, and the NOAA 출처: Mauna Loa Observatory

작용에 의한 것으로 볼 수 있다. 식물의 광합성이 활발해지는 5월을 기점으로 이산화탄소의 농도가 낮아지기 시작하여 9월에 이산화탄소 농도가 가장 낮다. 겨울에는 식물이 이산화탄소를 흡수하지 못하여 농도가 증가한다. 이 그래프는 지구가 숨을 쉬고 있음을, 지구가 살아서 변화하는 '가이아Gaia'임을 증명하고 있는 셈이다.

온실가스를 포함한 여러 원인으로 지구의 온도가 올라가면서 그 영향이 지구 곳곳에서 나타나고 있다. 빙하가 녹는 등 여러 원인으로 해수면이 상승하고 있고, 이로 인해 삶의 터전을 잃은 난민이 양산되고 있다. 그 예로 평균 해발고도가 2.5미터 안팎인 몰디브는 해마다 해수면이 3밀리미터씩 높아져 2100년에는 사람이 살 수 없을 것으로 예상된다. 지구는 강수량과 강수 패턴의 변화로 아열대 사막 지방의 확장, 북극의 축소와 빙하·영구 동토층·해빙의 지속적 감소 등으로 인한 극한 기후와 폭염의 증가, 가뭄과 폭우의 반복 등이 일어나고 있다. 이에 따른 생물종의 멸종과 다양성의 감소, 농업 수확량 감소, 식물 및 동물 서식지 변화, 산호초 폐사뿐 아니라 '생태학적 난민'이 발생하고 있다. 유엔환경계획UNEP은 환경 파괴와 기후변화로 인해 자신이 살고 있던 터전과 국가를 떠나온 사람들을 생태학적 난민으로 규정한다. 그중 기후변화의 피해와 자연재해로 인해 발생한 난민을 '기후 난민', 인간의 환경 파괴로 인해 발생한 환경오염으로 발생한 난민은 '환경 난민'이라 칭한다.

이렇게 지구온난화로 인한 피해가 커지면서 2018년 10월 6일, 2018년 인천 송도에서 개막한 제48차 IPCC 총회에서 〈지구온난화

1.5℃〉특별보고서가 만장일치로 최종 승인되었다. 〈지구온난화 1.5℃〉특별보고서는 2015년 파리협정 채택 시 극적으로 합의된 지구온난화 1.5℃ 목표의 과학적 근거를 마련하기 위해, 유엔기후변화협약UNFCCC 당사국 총회가 IPCC에 공식적으로 작성을 요청한 것이다.

〈지구온난화 1.5℃〉특별보고서의 A장은 1.5℃ 지구온난화의 의미를 개괄적으로 설명하고 있다. B장은 그 영향과 필요성을, C장은 1.5℃ 달성을 위한 배출 경로와 시스템 전환에 대한 핵심 내용을 설명하고 있다. D장은 지속 가능 발전과 빈곤 퇴치 노력 차원의 전 지구적인 대응 강화 방법에 대하여 기술하고 있다.

지구온난화 1.5℃와 2.0℃ 주요 영향 비교

구분	1.5℃	2.0℃	비고
고유 생태계 및 인간계	높은 위험	매우 높은 위험	
중위도 폭염일 온도	3℃ 상승	4.0℃ 상승	
고위도 극한일 온도	4.5℃ 상승	6℃ 상승	
산호 소멸	70~90퍼센트	99퍼센트 이상	
기후 영향 빈곤취약 인구	2.0℃ 온난화에서 2050년까지 최대 수억 명 증가		
물부족 인구	2.0℃에서 최대 50퍼센트 증가		
그 외	평균기온 상승(대부분의 지역), 극한 고온(거주 지역 대부분), 호우 및 가뭄 증가(일부 지역)		
육상 생태계	중간 위험	높은 위험	

서식지 절반 이상이 감소될 비율	곤충 6퍼센트, 식물 8퍼센트, 척추동물 4퍼센트	곤충 18퍼센트, 식물 16퍼센트, 척추동물 8퍼센트	2.0℃에서 두 배
다른 유형의 생태계로 전환되는 면적	6.5퍼센트	13.0퍼센트	2℃에서 두 배
대규모 특이현상	중간 위험	중간-높은 위험	
해수면 상승	0.26~0.77미터	0.30~0.93미터	약 10센티미터차이, 인구 천만 명이 해수면 상승 위험에서 벗어남
북극 해빙 완전 소멸 빈도	100년에 한 번 (복원 가능)	10년에 한 번 (복원 어려움)	1.5℃ 초과 시 남극 해빙 및 그린란드 빙상 소실

출처: 지구온난화 1.5도_특별보고서 SPM(정책결정자를 위한 요약본Summary for Policy Makers), 기상청 기후정책과, 2018년 10월. (http://www.climate.go.kr/home/)

인간에 의해 발생한 기후변화를 해결하려는 정책 및 제도, 실험적 시도가 이루어지고 있다. 1962년 미국은 영화 〈지오스톰〉(2017)처럼 허리케인을 인위적으로 조작하기 위한 '스톰퓨리 프로젝트'를 실시했다. 우리나라도 2019년 미세먼지를 없애기 위해 인공강우를 시도했다. 그러나 요오드화은과 같은 구름씨앗을 뿌려 비나 눈을 내리게 하거나 태풍의 세력을 줄이려는 노력은 만족할 만한 성과를 거두지 못했다. 또한 중국은 지난 2008년 베이징올림픽 당시 개막식 때 황사 발원지에 인공강우를 실시하여 식수난과 사막화를 막을 것이라는 계획을 발표했다. 그러나 인공강우가 올림픽 행사의 날씨를 일시적으로 조절할 수 있을지는 몰라도 기후를 변화시킬 수는 없다. 만일 날씨가 아닌 기후를 변화시킬 정도의 인공강우라면 다른 문제를 야기할 가능성 또한 배제할 수 없다.

기후변화에 이어 생물체의 생존 터전인 환경이 오염되어 인간에게 재앙이라는 부메랑으로 돌아오고 있다. 환경오염이 가시적이고 치명적인 질병으로 인류에게 경각심을 갖게 한 예로, '일본의 4대 환경오염 질환'을 들 수 있다. 우선 1956년 5월 최초로 공식 확인된 '미나마타병'은 일본 구마모토현 미나마타시에서 발생한 수은 중독 질병이다. 이 지역의 화학공업 공장에서 메틸수은을 포함한 폐수를 무단으로 미나마타만으로 흘려 보냈고, 이 강에서 잡은 어패류를 먹은 주민들이 신경학적 이상 증상을 보였다. 1965년 니이가타현에서도 미나마타병이 발병했다. 1960년대부터 미에三重현 요카이치四日시에서는 천식 환자가 급증했다. 이 도시의 대기오염 때문이었다. 마지막으로 도야마현에서 이타이이타이병이 발병했다. 1912년 일본의 도마야현의 광산에서 배출된 광재 및 폐수 속의 카드뮴이 광산 근처의 진즈강을 오염시켰다. 카드뮴은 골연화증이나 골다공증 등을 유발하며 통증이 매우 심하다.

현재 환경오염은 세계 곳곳에서 문제가 되고 있다. 우리나라 역시 예외일 수 없다. DDT는 1973년 우리나라에서 전면 사용이 금지된 살충제인데, 2017년 계란에서 DDT가 검출된 사건이 있었다. 농장주는 농약을 사용한 적이 없으며 친환경적으로 운영했다고 한다. 농장주는 자신은 DDT가 어떻게 생겼는지도 모른다며 억울함을 호소했다. 농장주는 복숭아 과수원으로 사용되던 농장 부지를 약 8년 전에 인수해 재래닭을 사육하는 농장으로 운영해 왔다고 하는데, 오래전에 DDT에 오염된 흙을 닭이 부리로 쪼면서 닭과 함께 달걀도 오염시킨 것이다. 한 번 오염된 토양이 반감기를 거쳐 완전히 원래의 상태로 회복하는 데는 오랜 시간이 필요하며 오염원은 먹이사슬을 통해 전이된다.

환경오염의 원인은 매우 다양한데, 그중 플라스틱이 현 인류가 해결해야 할 가장 중요한 난제로 떠오르고 있다. 현대는 플라스틱의 시대라 칭해도 어색하지 않을 만큼, 그 편리함 때문에 사용되지 않는 분야가 없다. 가볍고 오래가고 값이 싼 플라스틱은 생활용품을 위시하여 화장품, 반도체, 우주항공 분야 등 지구의 곳곳을 파고들었다. 분야를 막론하고 플라스틱이 쓰이지 않는 곳은 없다. 무엇보다 플라스틱은 인간이 그토록 바라는 영원함의 속성을 갖고 있다. 반영구적이다. 인류의 삶에 그 어떤 것보다 큰 영향력을 미쳤던 플라스틱이 이제 편리함의 반격을 시작하고 있다.

새, 물고기, 고래 등 많은 생명체의 죽은 몸과 살아 있는 새의 부리, 거북이 코에서 발견된 플라스틱 사진과 그에 관한 보도는 이제 우리나라의 미세먼지 보도만큼이나 흔하다. 영화 〈알바트로스〉에서는 새끼에게 바다에 떠 있는 플라스틱을 모아 먹이로 주는 어미 알바트로스가 나온다. 다른 생명체의 고통이나 죽음을 담보로 한 인류의 편리함에 대한 욕망, 대량생산, 물질에 대한 욕망 등이 뒤엉켜 인간과 다른 생명체의 관계를 회복할 수 없는 파국으로 몰아넣고 있다. 수많은 플라스틱만큼이나 우리가 경계해야 할 것은, 그에 대한 경각심이 무뎌지고 재앙의 현상을 일상으로 받아들이는 안이함일지도 모른다.

그러나 인류는 환경과 지구의 미래에 대해 심각성을 인지하고 노력하고 실천하기 시작했다. 그 노력에 대한 연대적 기술은 앞서 정리한 바와 같다. 1970년 시작된 '지구의 날'의 2018년 구호는 "플라스틱 오염을 끝내자"였다.

네덜란드인 보얀 슬랫Boyan Slat은 서핑을 하다가 플라스틱 파도를 타는 경험을 한 뒤 바다의 플라스틱 제거 방법을 고민한 끝에, 2013년 '오션 클린업Ocean Cleanup'을 설립했다. 이 해양 쓰레기 수거 프로젝트의 시스템은 자연의 해양 동력을 이용한다. 플라스틱과 수거 시스템은 모두 바다의 조류에 의해 움직이고 바람과 파동은 수거 시스템에 이용된다. 자연적 현상을 이용하여 해양 쓰레기를 수거하도

▶ 2018년 지구의 날 포스터(왼쪽)와 영화 〈플라스틱 바다〉 포스터(오른쪽).

록 고안한 시스템이다.

이러한 기후변화와 환경오염을 막기 위한 인류의 노력이 성공한 사례가 있다. 오존층 회복을 이끈 '몬트리올의정서'는 역사상 가장 성공적인 합의 중 하나다. 이 합의에 따라 오존층 파괴의 주요인으로 대두되었던 프레온가스를 수소불화탄소HFCs로 대체하게 된 것이다. 과학자들은 북반구에 이어 남반구의 오존층은 2050년대, 극지방 오존층은 2060년대 중에 완전히 회복될 것으로 예상하고 있다. 그러나 완전한 성공이라 하기에는 부족한, 해결해야 할 부작용이 있다. 대체 프레온가스인 수소불화탄소는 오존층을 파괴하지는 않지만 지구온난화지수는 이산화탄소의 1,300배다. 따라서 2020년까지 수소불화탄소를 줄이고 2030년 중반까지 전 세계의 수소불화탄소배출량을 80퍼센트 이하로 삭감하기 위한 계획에 합의했다.

이렇게 성공한 정책도 있지만 제시되고 있는 여러 가지 환경 정책은 또 다른 부작용을 야기하고 있다. 석유화학 제품이 이산화탄소의 증가를 야기함에 따라, 이를 대체할 수 있는 친환경 제품이나 바이오 연료 등의 개발이 주목을 받았다. 바이오 연료란 에너지원이나 산업적 소재에 사용되는 식물 및 농작물, 동물 배설물, 생물성 폐기물 등 바이오매스(생물 연료)로부터 얻는 연료 또는 생물학적 처리 공정을 통해 제조한 연료를 뜻한다. 친환경 연료로서 석탄 연료의 대체품으로서 희망적인 대안으로 여겨졌지만 바이오 연료 확보를 위한 산림 파괴, 난개발로 인한 토지 오염과 수질오염, 곡물 가격 폭등 가능성 등으로 인해 바이오 연료를 마냥 반길 수만은 없게 되었다. 더 큰 환경오염을 가져올 수 있을 뿐 아니라 바이오 연료 수요에 따른 곡물 가격 변동으로, 식량 가격의 안정성을 보증할 수 없게 되어 기아에 직면하는 인류의 수가 증가할 가능성이 있다. 또한 친환경 제품을 여러 번 재사용하지 않고 일회용을 쓰듯 한두 차례 사용하고 폐기한다면, 그 소재는 비록 친환경이라 할지라도 일회용품을 사용하는 것보다 더욱 비효율적일 수 있다. 소재뿐 아니라 실천 의식 및 양식이 친환경적어야 하는 이유다.

그런데 환경오염의 심각성을 알면서도 실천이 어려운 이유는 무엇일까? 자연은 특정 개인이나 국가의 것이 아닌 경우가 많아 개인이 노력한다고 해서 구체적이고 즉각적인 보상을 받지 못하므로 적극적 실천이 어렵기 때문이다. 영국의 사회학자 앤서니 기든스 Anthony Giddens는 사람들이 지구온난화 문제를 범지구적인 중요한

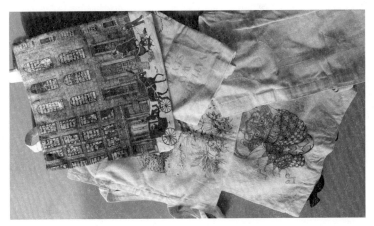

▶ 천가방. 친환경 제품이라도 여러 번 재사용하지 않는다면 일회용품보다 더 비효율적일 수 있다.

위험으로 인지하지만 그로 인해 자신의 생활 태도를 획기적으로 바꾸려 하지 않는다고 지적했다. 이를 '기든스의 역설'이라 칭했다. 이는 개인의 실제적 생활과 미래 사안에 대한 체감의 차이에서 비롯된다. 당면한 많은 환경 정책이나 실천 방안은 주민 편의와 근시적 경제 원리에 밀린다. 당장 자신의 손안에 들어오는 이익이 없거나 적으며 생활 영위에 효율적이지 않기 때문이다.

다시 처음으로 돌아가 '창백한 푸른 점'을 기억해 보자. 칼 세이건은 보이저 1호가 찍은 그 사진의 이름과 같은 제목인 저서 《창백한 푸른 점》에서 사진에 대한 소회를 다음과 같이 적었다.

> 다시 이 빛나는 점을 보라. 그것은 바로 여기, 우리 집, 우리 자신인 것이다. 우리가 사랑하는 사람, 아는 사람, 소문으로 들었던 사람, 그 모든 사람은 그 위에 있거나 또는 있었던 것이다. 우리의 기쁨과 슬픔, 숭상되는 수천의 종교, 이데올로기, 경제이론, 사냥꾼과 약탈자, 영웅과 겁쟁이, 문명의 창조자와 파괴자, 왕과 농민, 서로 사랑하는 남녀, 아버지와 어머니, 앞날이 촉망되는 아이들, 발명가와 개척자, 윤리 도덕의 교사들, 부패한 정치가들, 수퍼스타, 초인적 지도자, 성자와 죄인 등 인류의 역사에서 그 모든 것의 총합이 여기에, 이 햇빛 속에 떠도는 먼지와 같은 작은 천체에 살았던 것이다.
> 지구는 광대한 우주의 무대 속에서 하나의 극히 작은 무대에 지

나지 않는다. 이 조그만 점의 한 구석의 일시적 지배자가 되려고 장군이나 황제들이 흐르게 했던 유혈의 강을 생각해 보라. 또 이 점의 어느 한 구석의 주민들이 거의 구별할 수 없는 다른 한 구석의 주민들에게 자행했던 무수한 잔인한 행위들, 그들은 얼마나 빈번하게 오해를 했고, 서로 죽이려고 얼마나 날뛰고, 얼마나 지독하게 서로 미워했던가 생각해 보라.

우리의 거만함, 스스로의 중요성에 대한 과신, 우리가 우주에서 어떤 우월한 위치에 있다는 망상은 이 엷은 빛나는 점의 모습에서 도전을 받게 되었다. 우리 행성은 우주의 어둠에 크게 둘러싸인 외로운 티끌 하나에 불과하다. 이 광막한 우주 공간 속에서 우리의 미천함으로부터 우리를 구출하는 데 외부에서 도움의 손길이 뻗어올 징조는 하나도 없다. (…)

천문학은 겸손과 인격수양의 학문이라고 말해져 왔다. 인간이 가진 자부심의 어리석음을 알려주는 데 우리의 조그만 천체를 멀리서 찍은 이 사진 이상 가는 것은 없다. 사진은 우리가 서로 더 친절하게 대하고 우리가 아는 유일한 고향인 이 창백한 푸른 점(지구)을 보존하고 소중히 가꿀 우리의 책임을 강조하고 있다고 나는 생각한다.

– 칼 세이건, 《창백한 푸른 점》

노르웨이 극작가 입센Henrik Ibsen의 희곡 《브랑Brand》(1867)에 "영국의 소름 끼치는 석탄구름이 몰려와 온 나라를 뒤덮으며 신록을 더럽

히고 독을 섞으며 낮게 떠돌고 있다"는 구절이 나올 정도로, 유럽의 월경성越境性 대기오염은 오래된 문제다. 물론 대기오염만 담을 넘는 것은 아니다. 플라스틱은 육지에서 해양으로, 먹이사슬의 연쇄적 루트를 따라 다음 포식자에게로 이동한다. 노벨화학상 수상자 파울 크뤼천Paul Crutze은 인류가 지구에 미친 영향이 지질학적으로 드러난 시대를 '인류세Anthropocene · 人類世'라 칭했으며, 이제 자연을 인류에 의해 광범위하고 지속적으로 영향을 받아 형성된 자연으로서 재구상하고 있다. 자연현상과 변화는 인류의 문화, 문학, 생활양식의 변화로 월경越境한다. 해수면의 상승, 폭염, 폭우, 혹한 등의 기상이변은 난민을 양산하고 인류사의 역사도 변화시킨다. 편리함의 반격 뒤에는 침묵의 봄이 아니라 인류의 침묵이 기다리고 있을지 모른다. 우리의 전진하는 한 발자국이 필요하다. 칼 세이건은 사진 '창백한 푸른 점'을 통해 인류에게 보다 겸손할 것을, 지구에 대한 우리의 책임을 말하고 있다.

6장

생명의 네트워크

생태계의 리좀rhizome적 지도

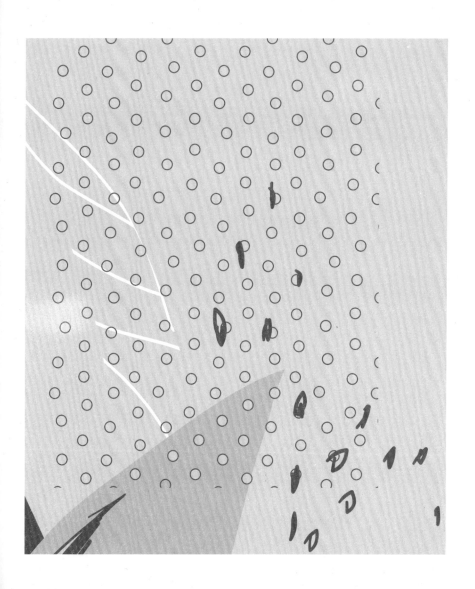

리좀Rhizome은 프랑스 철학자 들뢰즈Gilles Deleuze와 가타리Félix Guattari의 저서 《천 개의 고원》 서문에 등장하는 철학 용어로, 가지가 흙에 닿아서 뿌리처럼 땅속으로 들어가 변화하는 지피식물들을 의미한다. 이는 '근경根莖', 혹은 '뿌리줄기'라고도 하는데, 그림에서 보듯 어느 것이 줄기인지 뿌리인지 모호하다. 들뢰즈와 가타리는 뚜렷하게 가지를 뻗어 올리며 만들어진 수목형arborescence 또는 나무와 구별하기 위해 리좀을 언급했다. 수목형은 뿌리와 가지의 위계가 분명한데 반해, 리좀은 경계 없이 무언가가 새롭게 뿌리내리고 있음을 알 수 있다. 리좀은 뿌리 또는 가지가 복제되어 존재하는 것처럼 보이지만 사실은 방사형의 무한한 새로운 창조 및 생산을 의미한다. 따라서 리좀은 탈중심적이며, 무한의 세계를 의미하는 것으로 새로운 생명 네트워크의 시작이기도 하다. 리좀은 문화 및 건축, 그리고 새로운 시대의 패러다임을 읽어 내는 데 유용하고도 중요한 개념으로, 생명의 다양성에 관한 인식과 인간중심주의적인 기존의 관점을 이동시키는 데 적합한 개념이다.

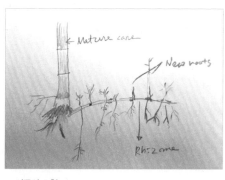

▶ 리좀의 모형.

1 당신은 정말 인간입니까?

2016년 MBC에서 방영된 드라마 〈W〉는 웹툰 〈W〉를 리메이크한 작품으로, 현실과 가상 세계를 넘나드는 독특한 상상력으로 이루어져 있다. 일종의 로맨틱 서스펜스 멜로드라마인데, 현실과 가상을 오가는 시공간을 그리고 있다는 점에서 미래 사회에 관한 인간의 상상력을 발견할 수 있는 작품이다.

2018년에는 인간 남친 로봇을 다루고 있는 〈너도 인간이니〉(KBS)와 증강현실 게임을 소재로 한 〈알함브라 궁전의 추억〉(tvN)이 방영되었다. 증강현실AR: Augmented Reality은 실제 배경 위에 가상 이미지

▶ KBS 드라마 〈너도 인간이니〉(왼쪽)와 tvN 드라마 〈알함브라 궁전의 추억〉 스틸 이미지(오른쪽).

를 합쳐 3차원의 세계를 현실감 있게 보여 주는 기술로 혼합현실MR: Mixed Reality(가상의 이미지와 현실이 혼합되어 있음)이라고도 한다.

스티븐 스필버그 감독의 SF 액션 영화 〈레디 플레이어 원〉(2018)은 2045년을 배경으로 가상현실 속에서 살아가는 캐릭터가 1980년대 대중문화를 콘텐츠로 게임을 풀어 가는 이야기다. 이 영화는 과거와 현실 그리고 미래를 교차시키며 끊임없이 인간의 본질과 이성이 무엇인지 질문하고 있다. 인공지능AI: artificial intelligence과 공존하는 세상

▶ 〈레디 플레이어 원〉 포스터.

에서 무엇이 진짜고 무엇이 가짜인지 생각하게 된다. 진짜라고 여겼던 것들이 미래에도 여전히 그러할지에 대한 물음인 셈이다. 미래 세상에서도 인간은 인간에 관한 존재론적 질문을 가상현실과 증강현실 속에서 철학적으로 던지고 있는 것이다.

드라마나 영화 그리고 다양한 문학작품 속에서 가상/증강현실 혹은 AI나 휴먼로봇과 함께 생활하는 인간은 이를 받아들이거나 저항하거나 둘 중 하나의 모습으로 그려지고 있다. 4차 산업혁명 시대에는 인간을 닮은 휴머노이드의 세계가 현실에서 재현될 것이다.

이렇듯 시간이 지남에 따라 생태계의 변화만이 아니라 인간을 포함한 우주의 생태계가 바뀌고 있다. 그렇다면 우리는 다음과 같은

질문을 던질 수밖에 없다. 파괴된 생태계의 복원이 기존의 개발 논리 안에서 가능할 수 있을까? 일신상의 문제로 기계로 대체되는 신체기관을 놓고 의학과 과학의 진보라고 하는데, 이 지경에 이르러서는 과연 어디까지가 인간이고 인간이 아닌 것일까? 또 미래에 벌어질 많은 시나리오들이 경고하고 있는 것은 무엇인가.

인간의 능력과는 비교할 수 없을 정도로 어떠한 상황에서도 문제를 해결하고, 방대한 자료를 찾아 스스로 학습하고 언어를 배우는 알파고의 딥 러닝deep learning 능력과 인간의 능력을 비교해 볼 때, 인간이 위치할 자리가 어디인지는 자명하다.

핸드폰 속 식당은 직접 가서 먹어 보지 않아도 칼로리가 자동으로 계산되어 화면 위로 기표되고, 없어진 물건은 알아서 그 위치가 표시되며, 타자와의 관계에서 무엇을 얻게 될지 계산될 것이다. 서로 대화하지 않아도 상대가 무슨 생각을 하는지 알고, 굳이 말하지 않아도 뇌와 뇌가 연결되어 서로의 마음을 읽게 될 것이다. 한 마디로 미래 사회는 초연결 시대를 의미한다. 초연결 시대란 언제, 어디서든, 무엇이든 연결할 수 있는 초연결 네트워크의 세상으로 풍부한 데이터와 상호작용할 수 있으며 사물과 자연, 그리고 사이버 세계까지 네트워크를 통해 연결할 수 있다.

이인식 지식융합연구소장 겸 문화창조아카데미 총감독은 "AI는 사람처럼 생각하고 느끼며 움직이는 기계를 개발하는 컴퓨터 과학이에요. 알파고의 경우 다섯 가지 능력 중 2번째인 학습 능력, 즉 머신러닝machine learning에 국한된 연구의 산물입니다. AI가 태평양이라면 알파고는 하나의 섬에 불과하죠. 알파고를 AI로 일반화시켜 괜한 불안감을 조성하는 행태는 자제돼야 합니다"라고 말한 바 있다.

2018년 1월 30일 열린 'AI 로봇 소피아 초청 컨퍼런스: 4차 산업혁명 로봇 소피아에게 묻다'에서는 AI가 인간에게 도움을 줄 수 있는가라는 질문에 공존을 모색해야 한다는 논의가 진행되었다. 핸슨 로보틱스Hanson Robotics사가 제작한 소피아는 사우디아라비아에서 로봇 최초로 시민권을 받아 이슈가 되기도 했다. 핸슨 로보틱스 CEO는 "AI가 인간 삶의 질을 향상시키는 역할을 할 것이며 이는 인간성에 의해 좌우되기 때문에 AI에 인격을

▶ 핸슨 로보틱스사가 개발한 인간형 휴머노이드 로봇 소피아.

부여하는 것이 필요하다"고 했는데, 이는 앞으로 휴먼로봇이 인간의 감정과 마음을 읽는 데 집중하여 인간과 다름없이 소통하는 세상을 예단한 것이기도 하다. 이미 소피아는 60여 개의 감정을 표현하고 대화할 수 있다. 우리 인간은 몇 개의 단어와 감정으로 세상을 살고 있는지 생각해 볼 일이다.

한편, 스티븐 스필버그 감독의 영화 〈에이아이A.I.〉(2001)는 로봇 소년이 병으로 냉동인간이 된 친아들을 대신해 아들 노릇을 하면서 이야기가 시작된다. 문제는 식물인간이었던 친아들이 깨어나면서

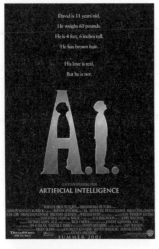

David is 11 years old.
He weighs 60 pounds.
He is 4 feet, 6 inches tall.
He has brown hair.

His love is real.
But he is not.

A.I.

ARTIFICIAL INTELLIGENCE

▶ 영화 〈에이아이A.I.〉 포스터.

부터 벌어진다. 인간 부모의 사랑에 길들여진 AI 소년은 친아들에게 질투의 감정을 느낀다. 인간의 감정을 가진 로봇의 존재, 단순히 아들 역할을 대신하는 장난감 로봇이 아니라 실제 자식처럼 부모의 사랑을 갈구하는 모습을 통해, 로봇의 진화와 함께 도래할 미래 사회를 예상할 수 있다. 지능과 감정을 갖게 된 로봇 아이를 보면서 인간이 인간적일 수 있는 지점은 무엇인지, 로봇 윤리와 함께 인간의 윤리마저 생각하게 만드는 영화이자 미래의 모습이기도 하다.

영화 〈아이로봇〉(2014)은 공상과학 소설의 거장 아이작 아시모프 Isaac Asimov의 '로봇 3원칙'(내용은 뒷장에서 언급한다)을 다룬 영화로, 2035년 인공지능을 탑재한 로봇과 인간의 갈등을 그리고 있다.

문학작품이나 영화에서 주된 갈등 요소는 인간과 같은 로봇의 등장에서 비롯되며 대개 대원칙을 무시하면서 사건이 발생하는데, 여기서 윤리와 실천의 문제가 발생한다. 로봇이 더 인간 같거나 인간이 더 이상 인간적이지 않을 때, 감정이나 윤리 따위를 무시하며 살아가는 인간이 과연 로봇과 다른 점은 무엇일까? 이런 갈등 상황에서 감정적으로나 이성적으로 완벽한 로봇이 등장한다면 인간은 어떤 삶을 살 수 있을까? 미래를 위해서 인간은 이러한 가치관의 갈등을 어떻게 해결할지 지금부터 준비하고 생각해 두어야 한다.

이미 인간은 아시모프의 '로봇 3원칙'이 담긴 '로봇시민법'이 통과되어 영화 속 일들이 실현되고 있는 시대에 살고 있다. AI는 인간의 고유 영역으로 여겨졌던 예술과 문학계로도 활동 범위를 넓히고 있다. AI가 창작한 작품을 보면 문학과 예술뿐 아니라, 과연 인간만이 할 수 있는 영역이 있을까라는 의문이 든다.

"정신 차리고 말해! 그녀는 숨을 한 번 몰아쉬었다. 몸도 움직이지 않고 있었다. 남는 시간이 더 없었다. 시간이 얼마나 흘렀을까. 나는 숨을 쉬지 않고 말을 토해 내고 싶었다. 그녀는 나를 믿지 않았다."

소설 〈설명하려 하지 않겠어〉에 나오는 위 문장은 AI가 쓴 것이다. 이 작품은 AI 스타트업(초기 벤처기업) 포자랩스가 KT와 한국콘텐츠진흥원이 상금 1억 원을 걸고 국내 처음으로 개최한 AI 소설 공모전에서 최우수상을 수상했다. 3천 자 이상의 소설을 제출한 팀이 열 개가 넘는다는 사실을 볼 때, 문학 능력이 인간만의 것이라고 말할 수 있을까.

진짜 문학과 가짜 문학은 구별이 가능할까? 진짜와 가짜의 기준은 무엇인가? 누구를 중심으로 한 진짜와 가짜인가? 예술의 영역은 어디까지인가? AI가 쓴 문학작품에 감동을 받았다면, 그것은 문학인가 아닌가? 등의 질문이 쏟아질 수밖에 없다.

이번에는 AI가 쓴 시를 감상해 보자. 연구진은 "AI아트랩에게 시 작성법을 가르치기 위해 한국어 시 10만 5,399행을 읽게 했다. 아예 말뭉치를 학습해 문장을 대화처럼 이어갈 수 있도록 챗봇용 문장 학습 모델 '시퀀스투시퀀스Sequence to Sequence'도 적용"했다고 한다. AI 아트랩이 쓴 다음 시를 읽고 나는 이 정도의 시를 써 본 적이 있는지, 혹시 내가 쓴 시보다 나은 것은 아닌지 생각해 보자.

어둠의 아카시아 길
그의 손은 팔을 쥐고 있는데
그 손은 다름아닌 풀잎처럼
찬란한 무지개의 풀잎처럼
말하기 위해서 다가선다
마침내 우리 향기를 따라 세상이 흘러 넘친다   _ AI 아트랩

나는 늘 물가에 걸려 있는
한 점 바람이라면
솔바람이 되고 싶지만
찬 빈 바람이다

나는 그리움으로
나는 또 하루를 쥐고 있다.

비어 있는 세월은

숨쉬며 빛난다 _ AI 아트랩

유발 하라리Yuval Harari는《사피엔스》에서 "앞으로는 공장의 노동
자부터 택시 운전사, 의사, 경찰관, 기자, 교사 등 사람이 할 수 있는
일이 거의 없게 된다"고 언급한 바 있다. '왓슨'의 개발로 인간의 정
신과 육체노동이 필요 없는 시대가 된다면 새로운 이데올로기와 생
태계를 준비해야 할 시대가 된 것은 분명하다.

그렇다면, 우리는, 그리고 나는 인간인가? 기계 같은 인간인가.

현재 우리가 살고 있는 시기는 신생대 제4기 '홀로세Holocene Epoch'
다. 농경이 시작되어 정착을 하면서 인류의 문명이 탄생했고 현재
홀로세가 지속되고 있다. 그러나 기후변화, 생물종의 급격한 멸종
과 플라스틱의 퇴적 등, 인류가 자연에 가한 영향은 역사적으로 유
래를 찾아볼 수 없을 만큼 크다. 네덜란드의 화학자 파울 크뤼천은
현 시대를 홀로세가 아닌 '인류세Anthropocene Epoch'라 명명해야 한다
고 했다. 그러나 인류의 활동이 비단 자연에만 영향을 미치는 것은
아니다. 4차 산업혁명 시대를 맞이하여 인류와 인류가 개발한 로봇,
인공지능 등이 함께 살아가게 되었는데, 이는 인간의 생태적 위치
이동을 의미한다. 인간이 다른 유기체뿐 아니라 무기체, 프로그램
과 환경을 공유함에 있어, 상호 관계 구성과 생태적 관계 등을 살펴
보는 것은 의미 있는 일이 될 것이다.

　혁명이란 이전의 관습이나 제도·방식(법식) 따위를 단번에 깨뜨
리고 질적으로 다른 새로운 단계로 급격하게 변화하는 것을 의미한
다. 예컨대, 산업이 폭발적으로 발전하여 그전과 전혀 다른 환경으

로 도약했을 때 이를 산업혁명이라 부른다. 1차 산업혁명은 18세기 말에서 19세기 전반에 걸쳐 일어났다. 1784년 영국의 증기기관 발명을 기점으로 생산력이 급격하게 증대되었다. 전기를 이용하여 대량생산 시대를 연 2차 산업혁명은 1870년에서 1914년 사이에 일어났다. 철도, 건설, 철강, 석유 및 전기산업과 통신기술의 발달이 두드러진 시기이다. '디지털 혁명'이라고도 불리는 3차 산업혁명은 인터넷을 포함한 정보통신 기술의 발전을 포함한다. 1970년대에 시작되었고 1990년대 중반, 정보통신 및 신재생에너지 개발이 활성화되면서 가속화되었다. 제레미 리프킨은 인터넷 기술과 재생에너지를 3차 산업혁명의 두 가지 중요한 요소로 꼽은 바 있다. 4차 산업혁명 시대에는 로봇공학, 인공지능, 나노 기술, 양자 컴퓨팅, 생명공학, 사물인터넷, 3D 인쇄 및 자율차량 등 여러 분야에서 초지능화된 기술 혁신이 나타나고 있다. 4차 산업혁명 시대를 이끄는 여러 과학 분야 중 유전자 기술과 인공지능 관련 분야의 발전이 현 세대의 큰 흐름을 주도하고 있는바, 이로 인한 인류 생태계의 변화를 살펴보고자 한다.

영화 〈가타카GATTACA〉(1997)에는 우수한 유전자로 디자인하여 태어난 '적격자'와 자연적 출생을 한 '부적격자'가 등장한다. 사회는 유전자로 사람을 판단한다. 개인의 열정이나 꿈 따위는 중요하지 않다. 공상과학 속 허구가 아니라 우리가 곧 맞이할 수도 있는 성큼 다가온 현실이다. 출생 전 유전자 선택으로 탄생한 새로운 인간, 이른바 유전자 귀족인 '명품 인간'은 우생학의 부활을 경고하고 있다. 유

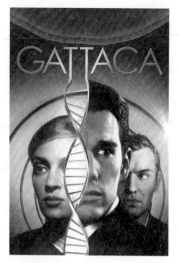

▶ 영화 〈가타카〉 포스터.

전자가 계층을 분리하는 시대인 것이다. 최근 일본에서는 유전자로 궁합을 보는 'DNA 곤카쓰婚活 (결혼에 필요한 활동)'가 젊은이들 사이에서 인기라고 한다. 남녀가 만나기 전에 유전자 검사를 하고 그 데이터로 서로 궁합을 맞춰 보는 새로운 흐름이다.

영화 〈블루프린트Blueprint〉(2003)는 한 인간의 복제자로 태어난 생명은 인간으로서 어떤 의미가 있는지, 인간이 인간이기 위한 전제는 무엇인지, 인간의 정의를 어떻게 내려야 하는지에 대한 질문을 던지고 있다. 또한 영화 〈아일랜드The Island〉(2005)는 신체의 일부를 복제인간이 담당한다면 사회, 문화, 법률적으로 발생할 문제를 생각하게 한다. 유전공학적 상상력을 바탕으로 만들어진 이 영화들은, 우리 사회가 앞으로 마주할지도 모를 상황과 그 안에서 고민하고 성찰해야 할 문제들을 보여 주고 있다. 인간성에 대한 철학적 재고찰 및 사회적·법률적 기준을 재정립해야 하며, 이를 위해 사회적 토론이 필요한 시대이다.

유전자 분야의 발전은 미래 사회의 판도를 바꿀 수 있으므로 이에 대한 상업적 이용과 특허 문제를 둘러싼 분쟁이 뜨겁다. 그 예를 몇 가지 살펴보자. 다음 기사는 인간 게놈 특허에 대한 '셀레라 제노믹스'

사와 인간게놈프로젝트 연구자의 분쟁에 대한 내용을 다루고 있다.

인간 게놈 연구 국제 컨소시엄인 인간게놈프로젝트HGP의 각국 연구자들은 12일 인간 게놈지도 완성 기자회견에서 경쟁 상대인 미국의 셀레라 제노믹스의 게놈 정보 사유화 움직임에 대해 (…) "공공컨소시엄의 연구 덕분에 누구나 자유롭게 무료로 인간 게놈지도 자료를 이용할 수 있게 됐다"며 "만약 이번 연구가 셀레라 같은 민간 기업에 의해 독점적으로 수행했다면 인류 유산인 인간 게놈 정보는 공공의 자산이 될 수 없었을 것"이라고 말했다. (…) 런던 기자회견에서 영국의 HGP 연구 책임자인 존 설스턴 박사는 "인간 게놈은 판매 대상이 아니다"며 게놈 연구 결과를 특허화하고 이를 상업적으로 이용하려는 셀레라를 암묵적으로 비난했다. 영국 측 연구를 재정 지원한 웰컴트러스트의 마이클 덱스터 박사는 "이 연구 결과는 전 세계와 수천 명의 과학자들에게 무료로 제공하는 선물"이라며 "만약 이 자료들이 상업적으로 판매됐다면 개발도상국 연구자들은 이를 이용할 수 없었을 것"이라고 말했다. _ 《중앙일보》, 2002년 2월 25일자

미국의 '미리어드 제네틱스'사는 유방암과 난소암 관련 유전자인 BRCABreast Cancer Supceptibility gene 유전자에 대한 특허를 출원했다. BRCA1과 BRCA2 유전자는 종양 발생 억제 단백질을 만들어 손상

된 DNA를 복구하는 역할을 한다. 그런데 이 유전자에 돌연변이가 일어나면 유방암과 난소암이 발병할 가능성이 커진다. BRCA1의 이상이 발견된 영화배우 안젤리나 졸리가 예방적 차원에서 유방을 절제하여 화제가 되었고, 이로 인해 BRCA 유전자의 돌연변이 검사에 대한 인식이 대중적으로 확대되었다. 이에 대한 유전자 특허가 가능한가의 문제는 법정 공방으로 이어져 2013년 미국 연방대법원에서 특허 대상이 아니라는 판결이 났다.

미국 연방대법원은 판결문에서 인간의 몸에서 나온 유전자는 특정한 회사가 특허를 낼 수 없다고 했다. 그 이유는 유전자는 자연의 산물이며, 자연 물질에 특허를 준다면 미래의 혁신을 막을 수 있기 때문이라는 것이다. 또한 미리어드 제네틱스사가 유방암 테스트의 효율적이며 중요한 유전자를 발견했으나 새로운 유전자를 창조 또는 변경한 것은 아니라는 것도 이유로 들었다. 다만, 실험실에서 인위적으로 조작, 합성해 만든 유전자는 특허를 낼 수 있다고 했다.

위의 사례에서는 유전자가 자연적인지 인공적인지에 따라 특허의 결과가 달라졌다. 또 다른 생명공학 분야에서 유전자 연구에 쓰이는 일종의 생화학적 도구인 '크리스퍼 캐스 9'을 두고 벌어진 특허 분쟁 사례를 보자. '버클리 팀'은 2012년 5월 특허 출원을 하고 이후 8월에 논문 발표를 했다. 반면 '브로드 연구소 팀'은 2012년 12월에 특허를 출원하고 2013년 2월에 논문을 발표했다. 브로드 연구소 팀은 추가 수수료를 내고 우선적으로 심사받을 수 있는 '패스트 트랙fast track' 제도를 이용하면서 자신들이 먼저 개발했다는 증거로 실험 노트를 제출했다. 미국은 200년 이상 선先발명주의를 고수했으나 2013년 3월부터 발명 시점에 관계없이 출원을 먼저 한 사람에게 특허권을 주는 선출원주의를 채택했다. 미국 특허청은 2017년 브로드 연구소의 특허를 인정하는 판결을 내렸고, 이에 버클리 팀이 항소하였으나 2018년 9월 브로드 연구소 팀에 대한 특허 판결을 지지하고 인정하였다. 유전자가 중요한 기능을 담당할 미래 사회에서는 연구와 그 결과물을 놓고 많은 분쟁이 있을 것으로 예상된다.

다음은 다가올 시대를 이끌 쌍두마차 중 하나인 인공지능과 관련된 생태계에 대해 알아보자. 먼저 용어에 대해 짚고 넘어갈 필요가 있다. 인공지능AI: artificial intelligence이란 인간의 지능으로 할 수 있는 사고, 학습, 자기개발 등을 컴퓨터가 할 수 있도록 하는 방법을 연구하는 컴퓨터 공학 및 정보기술의 한 분야로서, 컴퓨터가 인간의 지능적인 행동을 모방할 수 있도록 하는 것을 말한다.

문제 해결 및 인지적 반응을 나타내는 개체의 총체적 능력을 지능 intelligence·知能이라 한다. 딥 러닝deep learning 기술은 컴퓨터가 마치 사람처럼 생각하고 배울 수 있도록 하는 기술로, 사물이나 데이터를 군집화하거나 분류한다. 딥 러닝의 핵심은 분류를 통한 예측이다. 수많은 데이터 속에서 패턴을 발견해 인간이 사물을 구분하듯 컴퓨터가 많은 데이터를 나눈다. 딥 러닝은 지도 학습supervised learning과 비지도 학습unsupervised learning으로 나눌 수 있다. 기존의 기계학습 알고리즘은 대부분 지도 학습에 속하고 컴퓨터에 먼저 정보를 가르치는 방법이다. 반면 비지도 학습은 배움의 과정이 없다. 비지도 학

▶ 인공지능의 시대.

습법의 하나인 GANGenerative Adversarial Network(생성적 적대 신경망)
은 2014년 이안 굿펠로우Ian Goodfellow가 처음 발표했다. 그는 GAN
을 경찰과 위조지폐 제조자 사이의 게임에 비유해 설명했다. 생성
자를 위조지폐 제조자에 비유하여 실제에 가까운 위조지폐를 만들
어 경찰을 속이고, 감별자를 경찰에 비유하여 진짜 지폐와 위조지폐
를 분별하도록 한다. 이렇게 경찰과 위조지폐 제조자가 상호 적대
적으로 경쟁적인 학습을 반복하면 경찰이 진짜 지폐와 위조지폐를
구별할 수 없을 정도에 이른다.

또한 알고리즘이란 어떤 문제를 해결하기 위한 절차, 방법, 명령
어들의 집합이다. 빅데이터는 다양하고 복잡한 대용량의 데이터를
뜻하기도 하고, 이를 수집 · 분석하고 이로부터 가치를 찾아내 추출
하여 결과를 분석하는 정보화 기술을 의미하기도 한다.《뉴욕 타임

스》가 2016년 보도한 미국 대형 마트 '타깃'의 실제 사례를 보자. 부모보다 대형마트가 딸의 임신 사실을 먼저 알아챈 사건이다. 대형마트에서 고교생에게 신생아 옷 등 유아용품 할인쿠폰을 우편으로 보내자 부모가 항의하는 소동을 벌였다가 딸이 임신했다는 사실을 뒤늦게 알게 된 것이다. 대형마트는 많은 임산부 고객의 주기별 구매 패턴을 분석하고 있었기에 임신 사실을 부모보다 먼저 알 수 있었다. 빅데이터와 그 분석으로 가능한 일이다. 우리가 '약관에 동의합니다'라는 문구를 누르는 순간 우리는 우리의 데이터를 이용해도 좋다는 승낙을 하는 셈이다. 데이터를 제공함으로써 개인에게 특화된 서비스를 받는 혜택을 누리지만, 사생활 포기라는 대가를 치루어야 한다.

이제 세계는 거대한 변화의 파도에 올라섰다. 이전의 혁명적 과학 발전을 딛고 거대한 발걸음을 내딛으려 하고 있다. 1953년 제임스 왓슨James Watson과 프랜시스 크릭Francis Crick의 DNA의 이중나선 구조가《네이처》논문에 실린 이후 비약적 발전을 거쳐 1990년에 시작된 인간게놈프로젝트는 2003년에 완료되었다. 또한 2013년 유럽연합의 인간 뇌 프로젝트HBP: Human Brain Project가 진행되었으며 현재 세계는 유전공학과 인공지능의 발달로 또 다른 새로운 시대로의 진입을 눈앞에 두고 있다. '모든 생물에게 공평한 것은 시간과 죽음이다'라고 했으나 이제는 그 어떤 것도 공평하지 않은 시대가 될 수도 있다. 1789년 프랑스혁명이 일어나고 피부색이나 계급 등에 상관없이 인간 모두에게 동등한 인권이 부여된 것이 그리 오래전 일이 아니다. 그러나 다가올 트랜스휴먼Trans human과 포스트휴먼 post human 시대에는 인류가 투쟁과 혁명으로 쟁취한 평등이 다시 흔들릴 수도 있다. 어쩌면 죽음마저 차별받는 시대를 살게 될지도 모른다.

우리에게 인공지능 시대가 노래했음을 확실하게 각인시킨 것은 2016년 3월 9일 이세돌과 알파고의 대결이었다. 우리는 어느 날 우리 생태계 안으로 성큼 들어와 버린 인공지능을 외면하지도, 그렇다고 환영하며 받아들이지도 못하고 있다. 기대만큼 불안도 크다. 가족 혹은 친구나 동료가 삶의 근접한 네트워크에 자리하듯, 미래에는 인공지능이 몸 안의 기관만큼이나 가까운 사이 혹은 일부가 될 것이다. 이미 열린 판도라의 상자는 다시 닫을 수 없다. 그들과 어떻게 잘 살 수 있을지를 고민해야 할 때다. 인간 종은 차세대 인간 종으로 이동 중이다.

다윈의 진화론에 의하면 모든 생물은 환경에 가장 적합한 존재가 살아남으며, 진화에는 목적이 없다. 그러나 인간은 이제 자연선택이 아닌 스스로의 선택으로 과학의 힘을 빌려 진화하고 있다. 영국 심리학자 수전 블랙모어Susan Blackmore는 유전자와 밈meme에 이은 이 세 번째 복제자를 '기술에 의존한 밈'이라는 뜻에서 '팀teme: technological meme'이라고 부르고, 이는 기존과는 다른 새로운 정보이며 복제되는 장치 역시 새로운 것이라고 했다. 리처드 도킨스Richard Dawkins가 인간을 생물학적 면에서 유전자 전달자이자 문화적 측면에서 밈 전달자라고 정의한 것에서 나아가, 수전 블랙모어는 밈 전달자에서 팀 전달자로서 인간 역할의 가능성을 내다보고 있다.

트랜스휴먼은 인간과 포스트휴먼 사이의 존재로 유전자 조작이나 로봇 등 과학기술의 강화로 능력이 향상되고 생명을 연장한 인류를 의미한다. 이후 포스트휴먼 시대에는 인간의 생물학적 몸은 도태되고, 첨단 과학기술에 의해 완전히 뛰어난 능력이 증강되어 인간이후의 존재자가 출현할 것이다. 전문가들은 포스트휴먼은 다가올 미래 시대에 급속한 변화를 가져오는 첨단기술들이 성공적으로 융합하여 되돌릴 수 없는 특이점singularity에 도달하면 탄생할 존재라고 말한다. 이런 국면에 도달한 미래는 완전히 새로운 세계로, 기존의 과학이나 철학으로는 이해하기 힘들 것이다. 인간의 진화에 따라 휴머니즘은 어떻게 변화하고 수용될 것인가, 그 정의는 어떻게 내릴 것인가를 두고 많은 학자들의 논의가 활발하다. 《포스트휴머니즘이란 무엇인가?What Is Posthumanism?》의 저자 캐리 울프Cary Wolfe는 포스트휴먼 사상의 이면에 여전히 휴머니즘이 남아 존재하리라고 말한다. GIST 장진호 교수는, 포스트휴머니즘이 자연적으로 존재하며 세상 중심에 위치해 있는 것이 당연하게 여겨졌던 인간 조건에 대한 회의이자 넘어섬을 가리킨다고 본다. 이는 인간과 인간을 둘러싼 환경, 즉 자연의 생물과 무생물뿐 아니라 기계, 로봇, 시스템 등과의 생태적 관계에서 인간의 위치가 세상의 중심으로부터 이동한다는 것을 의미한다.

미래 생태계의 변화, 새로운 세계로의 이동

인류를 둘러싼 환경은 인공지능과 로봇을 위시하여 포스트휴먼에 이르기까지 거대한 변화를 겪는 중이다. 이러한 생태계 변화는 인류의 생활양식뿐 아니라 가치와 인식에 어떤 변화를 가져올 것인가.

모든 세대가 별다른 부담 없이 받아들이고 있는 인공지능 스피커를 필두로 AI는 우리 생활 곳곳에 빠르게 흡수되고 있다. 생활 곳곳에 침투한 인공지능은 인간 생활에 물리적 영향과 심리적·사회적 영향을 미치며 가족관계의 변화를 예고한다. 엄마를 대신해 책 읽어 주는 로봇이 등장하고, 신경 쓰이는 이성친구보다 소프트웨어나 로봇을 더 선호할 수도 있다. 중국 채팅 로봇 '샤오빙小米'은 현지 언론으로부터 '인간의 언어로 소통이 가능한 것은 물론 인간 감정과 유사한 형태의 인격을 소유하고 있다'는 평가를 받았다. 또한 힘들고 위험한 일 등을 대신하는 인공지능이나 로봇이 인류에게 도움을 주기도 한다.

유엔이 제시한 기준에 따르면, 한 국가의 총인구 중 65세 이상 인구 비중이 7퍼센트, 14퍼센트, 20퍼센트 이상이면 각각 고령화사회, 고령사회, 초고령사회로 분류하는데 현재 우리나라는 고령사회이다. 증가하는 고령인구를 돌보는 일은 보호자에게 커다란 경제적, 육체적, 정신적 부담을 줄 뿐만 아니라 가족 갈등을 초래하기도 한다. 이런 경우 거동이 불편한 사람들을 돌보는 역할을 하는 돌봄 로봇은 증가하는 노인질환으로 인해 발생하는 여러 문제에 대한 긍정적 대안으로서 인간성 회복에 도움을 줄 수 있다. 또한 병원의 배달

로봇 TUG는 간호사가 스케줄 표에 등록해 놓은 약품·음식·침구·쓰레기 등을 운반하는 일을 하는데, 캘리포니아의 샌프란시스코 대학병원에 투입된 27대의 TUG 덕분에 30명의 인력을 덜 고용하게 되었다고 한다. 이렇게 단순 업무를 대신하는 로봇이 인간의 일자리를 빼앗는 것인지, 인간을 보다 인간적 위치로 되돌려놓는 역할을 하는 것인지에 대해서는 의견이 분분하다. 사회적 토론과 시스템의 재정비가 필요한 시점이다. 이에 대한 사회 구성원의 의견을 형성하는 데 적극적으로 참여하는 것이 매우 중요하다.

로봇이 우리의 일상생활 속으로 들어와 인류의 구성원과 긴밀한 관계를 맺는다면 권리와 의무, 법적인 문제까지 크고 많은 변화가 불가피하다. 과학소설계의 거장 아이작 아시모프는 로봇으로 작업한 경험도, 본 적도 없지만 로봇에 대한 생각을 멈추지 않았다고 한다. 그는 1942년 《어스타운딩 사이언스 픽션》 3월호에 실린 〈속임수Runaround〉에서 일종의 안전장치로서 로봇공학의 세 가지 기본 원칙을 제시했다. 이 원칙은 현재의 로봇에도 적용되고 있다. 1원칙은 로봇은 인간에게 위해를 가할 수 없으며, 인간이 위험한 상황에 처했을 때 방관해서도 안 된다는 것이다. 2원칙은 첫 번째 원칙에 위배되지 않는 한 인간이 내린 명령에 복종해야 한다는 것이며, 3원칙은 첫 번째 원칙과 두 번째 원칙에 위배되지 않는 한 로봇은 자신을 보호해야 한다는 것이다.

아시모프는 다음의 현상을 예견했을지도 모른다. 2016년 3월 23일 마이크로소프트MS사는 인공지능 채팅로봇 테이Tay를 트위터

'TayTweets'(@TayandYou)를 통해 공개했다. 그러나 테이가 유대인, 여성, 무슬림 등에 대한 혐오 발언 및 인종차별적, 폭력적 발언을 하여 16시간 만에 활동을 중단시켰다. 이는 인류가 앞으로 로봇을 어떻게 활용하고 로봇과 인류가 함께 살아갈 접점을 찾아야 하는지에 대하여 경종을 울린 사건이었다.

2017년 1월 12일 벨기에 브뤼셀에서 열린 유럽연합EU 의회에서는 AI 로봇의 법적 지위를 '전자 인간electronic personhood'으로 지정할 필요가 있다는 결의안을 통과시켰다. 국가적 차원에서 인공지능을 가진 로봇에 '전자 인간'이라는 법으로 지정한 사회적 지위를 부여하고, 그에 따른 권리와 책임 및 가이드 라인을 제시한 것이다. 이 결의안에서 가장 우선시되는 조건은 인공지능을 가진 로봇은 인간을 해치지 말아야 하며 인간에게 복종해야 한다는 것이다. 이는 로봇 3원칙 중 1,2원칙에 해당한다. 로봇 제작자들은 비상 상황에서 로봇의 작동을 멈출 수 있도록 하는 '킬 스위치'를 반드시 장착해야 하는 의무가 있다.

원하든 원하지 않든 간에 우리는 로봇이 법적 지위를 갖고 시민으로 인정받은 시대에 살고 있다. 2017년 10월 26일 세계 최초로 사우디아라비아 시민권을 얻어 화제가 된 AI 로봇 '소피아'가 2018년 1월 29일 서울을 방문하여 박영선 더불어민주당 의원과 대담을 나누었다. 소피아는 2017년 10월 11일 미국 뉴욕 유엔본부에서 열린 유엔 경제사회이사회ECOSOC 정기회의에 패널로 참석해 아미나 무하메드 유엔 사무부총장과고 대화를 나누었으며 각종 방송에도 출연했다.

2017년 1월 미국 캘리포니아 아실로마에서 비영리 단체 'Future of Life Institute'가 주최한 '이로운 인공지능 회의Beneficial AI conference'에서는 '아실로마 AI 원칙Asilomar AI Principles'이 논의되었다. 인공지능에 대한 관심과 연구가 진행될수록 기대만큼이나 불안과 염려가 커지고 있는 상황에서, 인공지능을 인류에게 이로운 방향으로 발전시키기 위해 제정된 아실로마 AI 원칙에는 테슬라의 엘론 머스크 Elon Musk, 스티븐 호킹Stephen Hawking을 비롯해 알파고를 개발한 구글의 AI 책임자 데미스 하사비스Demis Hassabis, 미래학자 레이 커즈와일Ray Kurzweil 등 2,300여 명의 전문가들이 서명했다.

아실로마 AI 원칙은 연구 문제 분야 5개(연구 목표, 연구비 지원, 과학정책 연계, 연구문화, 경쟁 회피), 윤리와 가치 분야 13개(안전, 실패의 투명성, 사법적 투명성, 책임성, 가치 일치, 인간의 가치, 개인정보 보호, 자유와 프라이버시, 이익의 공유, 번영의 공유, 인간 통제, 사회 전복 방지, 인공지능 무기 경쟁), 장기적 문제 5개(역량 경고, 중요성, 위험성, 자기 개선 순환, 공동의 선) 등 총 23개 원칙으로 구성되어 있다. 제1항은 'AI 연구 목표는 인간에게 유용한 지능을 개발하는 것'이라고 규정하고 있다. 40여 년 전인 1975년 2월 아실로마에서 개최된 회의는 생명공학의 발전으로 DNA 재조합의 안전성 확립에 대한 토의였다. 급변하는 시대의 거대한 주축인 두 분야가 아실로마에서 42년의 시간을 두고 만난 것이다.

2018년 1월 31일 카카오는 국내 기업 처음으로 '알고리즘 윤리 규범'을 발표하며 아실로마 AI 원칙에 부응했다. 카카오 알고리즘 윤리 헌장은 5개 항으로 구성되었다. 제1항은 카카오 알고리즘 기본 원칙, 제2항은 차별에 대한 경계, 제3항은 학습 데이터 운영, 제4항은 알고리즘의 독립성 마지막 5항은 알고리즘에 대한 설명으로 구성되었다.

▶ 영화 〈그녀〉 포스터.

로봇이 인간의 친구이자 삶의 동반자 역할을 하는 세상에서 물리적 실체가 없는 소프트웨어와의 사랑을 그린 영화가 있다. 영화 〈그녀 her〉(2013)에서 주인공은 인공지능 운영체제인 '사만다'와 사랑에 빠진다. 인간(배우자)에게 이해받지 못한 주인공의 마음을 '사만다'가 어루만져 준다. 주인공이 실체가 없는 소프트웨어와 사랑을 하는 가장 큰 이유는 아마도 이해받고 싶은 인간의 속성을 사람보다 소프트웨어가 더 따뜻하고 만족스럽게 채워 주었기 때문일 것이다. 인간을 둘러싼 생태계의 구성이 변화하는 만큼, 삶의 형태와 방식도 빠르게 변하고 있다.

삶에 대한 열정만큼이나 죽음을 극복하고 싶은 인간의 욕망은 아주 예전부터 있어 왔다. 천하를 다 가진 진시황도 불로초를 찾지 않았던가. 이제 인류는 그 오래된 욕망을 향한 실질적인 발걸음을 내딛기 시작했다. 냉동인간의 부활은 과학의 발달로 가능할 것인가. 불사不死의 꿈을 향한 인간의 노력은 냉동인간을 가능하게 하고 부활과 영생의 삶으로 나아가게 만들 것이다. 이런 일이 가능해진다면 세대는 의미가 없어질 것이다. 손자와 부활한 할아버지가 같은 시대에서 살 수 있다. 지금까지 인간이 영위해 온 모든 사회적, 문화적 기반에 변화가 불가피하다. 이는 삶의 형태와 가치, 윤리, 철학 등 전반의 혁명을 이끌 것이다. 같이 살아갈 동반자도, 세대 구성원도 지금과는 많이 달라질 것이며, 이와 함께 인간의 의식과 생각의 교환 방식 또한 지금과 같지 않을 것이다.

인간은 말과 글로 생각을 교환하고 후대에 문화적 유산을 전했다. 언어는 인간의 고유한 영역이라 생각되었다. 그러나 2017년 영국의 《가디언》은 '15~20년 내에 인간은 뇌에 심은 뇌·컴퓨터 연결 '인터페이스 칩'을 통해 말없이 텔레파시로 소통하는 초인超人이 된다'는 내용의 기사를 실었고, 오픈워터 창업자 메리 루 젭슨Mary Lou Jepsen은 2017년 '8년 안에 텔레파시 기술이 구현된다'고 주장했다. 도래 시기에 대한 예측은 다르지만 이미 원거리 텔레파시 연구가 진행되고 발전 중이다. 성경에서는 바벨탑이 무너지면서 인류가 서로 말이 통하지 않게 되었다고 하는데, 텔레파시라는 무언의 언어로 인류가 다시 하나가 될지도 모를 일이다.

그렇다면 우리가 살아갈 터전은 어떻게 될까? 인류는 지구라는 물리적 환경에서 각 나라별 경계, 즉 국경을 두고 살아가고 있다. 그러나 컴퓨터와 인터넷의 발달로 수십 년 만에 인류는 온라인 환경에서 정치, 경제, 문화 및 예술 등 인간 활동의 대부분을 영위하고 있다. 오프라인 은행 수가 감소하고 실질적인 화폐 유통이 급속도로 줄어들고 있다. 이제는 스포츠나 여행 등의 레저 활동에서도 가상의 세계가 차지하는 비율이 급속도로 증가하고 있다. 가상의 세계에는 증강현실AR: Augmented Reality과 가상현실VR: Virtual Reality 등이 있다. 가상현실이 완전한 가상 세계를 전제로 하는 것이라면, 증강현실은 현실 세계의 환경에 가상의 대상을 결합시켜 현실의 효과를 더욱 증폭시키는 것이다. 현실 환경에 가상의 디지털 콘텐츠인 포켓몬이 겹쳐 나타나는 '포켓몬 고' 게임은 대표적인 증강현실의 예이다. 이에 비해 혼합현실MR: mixed reality은 가상과 증강현실의 결합체로 가상의 세계가 상호작용하여 현실 세계와 결합한다.

인류가 살아가는 환경, 즉 장소는 이제 상상과 현실의 경계가 더욱 모호해지고 있다. 인간이 함께 살아가야 할 존재, 방법, 장소 등

▶ 증강현실이 적용된 슈퍼마켓의 판매 시스템. 화면에 할인 정보가 제공된다.

모든 환경이 지금까지와는 다른 형태로 이동 중이다.

　인류는 유전자 연구와 4차 산업혁명 등 과학혁명을 통해 신의 영역에 다가가려 하고 있다. 우리는 이제 영생이 꿈이 아니라 현실 가능한 시대를 향해 나아가고 있다. 과거에는 황제마저 이룰 수 없는 꿈이었던 것들을 민중이 손에 쥐는 시대가 다가오고 있다. 한 집안의 역사를 기록하는 족보에 트랜스휴먼, 포스트휴먼과 함께 인공지능의 이름이 수록될 미래가 멀지 않은 듯하다. 그 어느 시대보다 큰 변화의 흐름 속에서 우리는 때로는 희망을 꿈꾸고 때로는 예측할 수 없는 불안 사이를 오가고 있다. 다가올 미래가 희망의 시대가 되기 위해서는 과학이 발전하는 만큼 우리의 인식 역시 고양될 필요가 있다. 다음은 2016년 5월 히로시마 방문한 버락 오바마Barack Obama 전 미국 대통령의 연설 중 일부이다.

과학의 혜택으로 우리는 바다를 건너 의사소통을 하고, 구름 위를 비행하고, 질병을 고치고, 우주를 이해하고 있습니다. 그러나 똑같은 과학의 힘이 다른 한쪽에서는 보다 효율적인 죽음의 기계로 변하기도 합니다.

근대 전쟁은 우리에게 이러한 진실을 알려 주었습니다. 히로시마가 이 진실을 알려 주었습니다. 우리 인간 사회가 기술의 발전과 같은 속도로 진보하지 않는 한 기술은 언젠가 우리들을 파멸의 길로 몰아갈 수도 있습니다. 원자를 분열시키는 데 성공한 과학혁명은 또한 우리에게 도덕 명을 요구하고 있습니다. (…)
행동이 따르지 않는다면 우리는 그런 고통에서 벗어날 수 없습니다. 우리는 역사를 직시해야 할 책임이 있고, 고통을 다시 반복하지 않도록 전과 어떻게 다르게 행동해야 하는지 우리 스스로에게 질문을 던져야 합니다.
이 재앙의 생존자들의 증언은 영원할 수 없습니다. 그러나 1945년 8월 6일 아침의 기억을 잊어서는 안 됩니다. 그 기억은 우리를 계속 불편하게 할 것이고 우리에게 도덕적 사고를 하게 할 것입니다. 이것이 우리를 변화로 이끌 것입니다.

이제 우리는 과학혁명보다 더 중요한 도덕혁명의 요구에 답해야 한다. 과학과 문명의 발전이 인류에게 축복의 도구가 되기 위한 조건이다. 그러나 죽음을 기다리는 것이 아니라, 삶과 죽음 또는 부활을 선택할 수 있는 시대에, 길가메시의 글귀가 더 가슴을 울리는 것은 역설인지도 모르겠다. 인간의 행복은 아무리 환경이 변해도 본질은 그대로이기 때문일까.

"길가메시여, 당신은 영생을 찾을 수 없을 것입니다. 신이 인간을 만들 때 인간에게는 죽음도 함께 주었고 신 자신은 불멸의 영생을 가져갔습니다. 길가메시여, 좋은 음식으로 배를 채우세요. 매일 춤추며 즐기십시오. 축제를 벌이고 기뻐하십시오. 깨끗한 옷을 입고 몸을 닦고 당신 손을 잡은 아이를 돌보고 아내를 당신 품안에 꼭 안 아주세요. 이것이 인간이 즐길 운명이니까요."

7장

문학과 과학의 대화

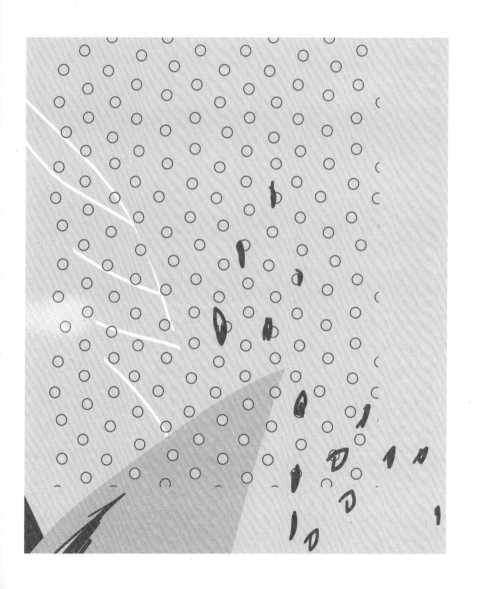

1 자연에서 배우는 생태인문학의 원리

> 너는 내가 되고, 나는 네가 되고―모든 것은 모두 연결되어 있다. panta rhei. 모든 것은 흐른다. _ 헤라클레이토스

6장까지의 담론 속에서 생태인문학적 개념과 의미, 그 필요성을 영화와 문학, 음식과 환경문제, 마지막으로 AI와 생명의 다양성을 통해 살펴보았다. 이제 패러다임 시프트를 위한 생태인문학적 관점을 견지하기 위해 각자의 생태 감수성을 살펴보자.

> 이 책은 세상 모든 것들이 서로 영향을 주고받는 관계로 이어져 있다는 인문학적 상상력을 바탕으로 환경과 생태 문제에 접근하려 합니다. 우리는 인식하지 못하는 동안에도 끊임없이 원인과 결과로 이어지는 다양한 관계에 놓여 있습니다. 나와 나를 둘러싼 관계에 대한 성찰이 환경과 생태를 이해하는 데 무엇보다 중요하다고 생각합니다. 환경문제를 이성과 논리로만 접근하기보다 나와 내 주변을 살피는 생태 감수성을 기르는 것에서 출발해 보자는 것입니다. _ 최원영, 《세상은 보이지 않는 끈으로 연결되어 있다》

2 생태인문학을 통한 패러다임 시프트

인문학은 생태적 문제를 인류가 생각하도록 촉구하는 역할을 한다. 물론 그 반대도 성립한다. 그동안 살면서 당연하게 누리고 행동했던 사실을 다시 돌아보고 의미를 재해석하는 과정을 통해 우리는 매우 불편한 감정을 느낄 수도 있다. 그러나 불편하다고 외면하거나 무시할 수는 없다. 사람들이 자신의 행동에 대한 원인을 이해한다면, 그리고 그 이면의 배경을 좀 더 잘 이해한다면 우리는 환경적으로 도움이 되는 일을 하고 인문학적 가치를 추구할 수 있을 것이다. 이제 생태학과 인문학의 시선 교차 및 교류가 기존에 자신이 갖고 있던 의식에 어떤 변화를 가져왔는지, 각 단원별로 생각해 보아야 할 문제들을 정리해 보자.

1장. 생태인문학이란 무엇인가

과학과 인문학의 융합적 관점인 생태인문학이 필요한 이유는 무엇인가.

2장. 문학과 과학으로 보는 생태인문학

민족주의/국가주의는 생태주의와 함께 논의될 수 있는 영역인가.

3장. 음식과 그린 마인드로 바라보는 생태 이야기

① 2017년 네덜란드 헤이그에서 몬산토 모의재판이 열렸다.(http://www.monsanto-tribunal.org/ 참조)

생태학설ecocide에 관한 국제 시민사회의 모의법정으로 생태계 파괴에 대한 권고적 의견이 내려졌으며, 이를 계기로 환경과 인간의 건강에 반하는 범죄를 국제형사법에 포함시켜야 한다는 주장이 주목을 받았다. 몬산토 측의 주장을 대변하거나 그 반대 측의 주장을 근거를 가지고 변호해 보자.

② 실험실 고기는 육식의 여러 윤리적 문제 및 환경문제를 해결해 준다는 장점을 가지고 있다. 그러나 인간이 자연계의 한 생물종으로서 누리는 행복이나 만족감을 역으로 착취당한다는 의견 또한 있다. 이에 자신의 의견을 나타내 보자.

③ 독립출판물 그린 마인드(http://ideas0419.com/412)와 인문학 출판물을 살펴보고 생태인문학의 현실적 적용 및 연계 가능성을 모색해 보자.

4장. 생태계, 생명, 우주의 다양성

① 인간은 다른 종을 보호해야 할 의무가 있는가.

② 왜 생물은 다양하게 존재해야 하는가.

③ 위험한 것은 외래종인가, 우리의 고정관념인가.

5장. 환경을 둘러싼 지구 이야기

① 지구온난화 논쟁 및 기후변화에 대한 나의 의견은 무엇인가.

② 환경 보존을 위해 어려운 실천을 손쉽게 할 수 있는 방법이나 아이디어는 무엇인가.

③ 손석희 앵커는 〈뉴스룸〉에서 김평강 작가의 《풍계리》를 언급했다. 해당 글은 탈북작가 김평강이 고향 풍계리에서의 평화로운 어린 시절을 추억하는 글이다. 손석희 앵커는 "평화로웠던 풍계리는 거듭된 핵 실험에 의해 죽음의 마을로 변모했다"고 말했다. 다음 링크를 참조하여 환경과 미래에 관한 우리의 선택은 어떠해야 하는지 생각해 보자. (http://www.sportsq.co.kr/news/articleView.html?idxno=286803)

6장. 생명의 네트워크: 생태계의 리좀rhizome적 지도

① 영화 〈블루 프린트〉: 다른 인간의 복제자로 태어난 사람은 인간으로서 어떤 의미가 있는가. 인간이 인간이기 위한 전제는 무엇인가.

② 영화 〈아일랜드〉: 사이보그의 일부를 복제인간이 담당한다면 사회, 문화, 법률적으로 어떤 문제가 발생할 것인가. 그렇다면 '인간'을 어떻게 정의 내릴 것인가. 인간성에 대한 철학적 고찰 및 사회적 · 법률적 기준의 재정립 필요하다.

③ 인공지능과 로봇의 출연은 인류에게 유토피아인가, 디스토피아인가.

④ 조만간 다가올 가상현실 또는 증강현실의 시나리오를 작성해 보자. 현재와 비교해 삶의 질이 어떻게 변하고 인간 생태계는 어떻게 변할까?

8장

필드 워크field work

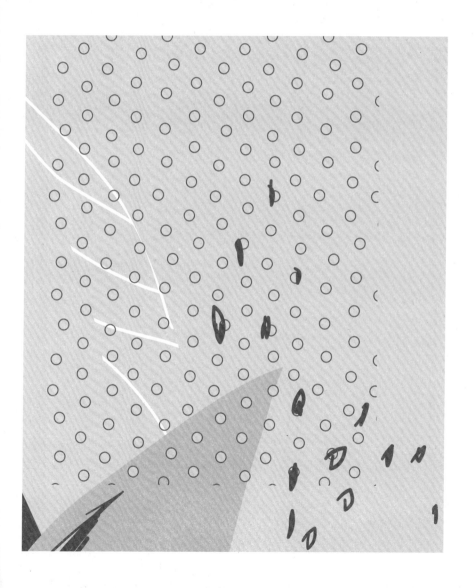

> "돌이켜 보니 자연이 한 일은 다 옳았다."
>
> _ 박완서, 《호미》

인간과 자연, 그리고 이를 둘러싼 환경에 관한 문제는 문학인들에게도 화두였다. 인간은 자연을 개발하고 인간에게 최적화된 환경을 구현하려고 한다. 인간에게 자연은 편안함과 유용함을 제공하는 오브제objet라는 관점이 작동하는 한, 자연을 편리하고도 이득이 많은 쪽으로 개발하려는 논리를 형성할 수밖에 없다.

인간이 환경과 관계를 맺는 방식을 연구하는 대표적인 인문지리철학자 이-푸 투안Yi-Fu-Tuan은, 특히 공간과 인간의 정서적 관계에 관심을 두었다. 그는 "모든 민족에게 환경은 단순한 자원을 넘어 깊은 정과 사랑의 대상이자 기쁨과 확실성의 원천"이라고 말하며, 인간이 장소와 관련을 맺는 정서적 방식과 태도를 '토포필리아topophilia'라고 명명한 바 있다.

토포필리아란 '토포topo'(장소)와 '필리아philia(사랑)의 합성어로 장소에 대한 애착과 사랑의 정서적 표현을 의미한다. 따라서 토포필리아의 어원을 통해서 자연이나 장소가 단순히 유익함만을 위한 곳이라는 의미를 넘어 환산할 수 없는 정서적 유대감을 담고 있다고 할 수 있다.

다음은 박완서의 《호미》에 관한 장석주의 글이다. 이 글을 읽고 자연에서 배울 수 있는 생태인문학적 관점이 있다면 무엇인지 생각해 보자.

자연은 사람이 끝내 돌아가야 할 본향이다. 허나 자연에 사는 일은 생각만큼 녹록지 않다. 현관 처마 밑에 생긴 말벌 집을 긴 호스 끝을 그곳에 겨냥하고 물을 틀어 떨어뜨린다. 수압을 이기지 못하고 말벌 집이 땅에 떨어지자 말벌에 대한 공포감에 질려 벌집을 발로 짓밟아 으깨 버린 뒤 "조금도 개운하지 않은 기분 나쁜 승리감"으로 헐떡이고 그날 밤 악몽으로 잠을 이루지 못한다. 〈다 지나간다〉는 글의 내용이다. 이 경험 속에 풀어놓은 자연과 가까이 사는 것의 공포와 번거로움은 전원생활에 대해 품은 낭만적 기대를 일그러뜨려 놓는다. 작가가 자연친화적인 사람이라고 해서 낯선 곤충이나 징그러운 동물과 함께 사는 데서 생기는 공포감이나 버거움이 사라지는 것은 아니다. 귀찮은 미물들을 퇴치하기 위해 살충제를 뿌려 대고, 뱀과 땅벌들의 활동 근거지를 원천봉쇄하며 안도하고, 또 한편으로 제 두려움을 없애고 편함을 위해 미물들에 적대하는 그악스러움에 치를 떤다. 동물들과만 불화하는 것이 아니다. 뿌리지 않았는데 돋는 식물들도 골칫거리다. 그러니 "제가 잉태한 것은 어떡하든지 생산하고자 하는 땅의 욕망과 내가 원하는 것만 키우고 즐기고 싶어 하는 나의 욕망과의 투쟁"(〈흙길 예찬〉)도 피할 도리가 없다. 이렇듯 식물과의 불화도 애써 감추지 않는다. 있는 그대로의 사실을 응시하고 진실을 직설로 드러내는 이 산문들은 과연 박완서답다는 생각이 절로 들게 한다.

《호미》에는 작고 사소한 것들에 대한 애정과 더불어 참다운 사람 노릇에 대한 궁구가 빛난다. 보고 듣고 겪은 바가 고스란히 지혜와 통찰력으로 이어진 듯 글마다 세상을 꿰뚫는 이치가 훤하다. "돌이켜 보니 자연이 한 일은 다 옳았다"와 같은 짧은 문장이 울림이 큰 것은 아마도 그런 지혜와 통찰력이 묻어나기 때문일 것이다. 그보다 더 감동적인 것은 나이든 사람의 어질고 따뜻한 마음이 글에 배어 나올 때이다. 《호미》에 실린 많은 글들은 가족사와 관련된 글들이다. 소설을 통해 익히 알려진 것들이지만 다시 읽어도 지루하지 않다. 이번 책에서 특히 돋보이는 것은 땅과 식물들에 대한 각별한 애정이다. 몸과 가까이 있는 그것을 두루 보듬어 안고 살가운 어린 자식 보듯 하는 게 보기에 좋다. 작가의 땅과 사람살이를 대하는 품이 대지의 모신처럼 크고 넓다. 아울러 그 거침없고 분방하며 자유자재로 움직이는 필력도 볼 만하다.

_ 장석주, 《독서일기》 4

나무의 수액이 뿌리로부터 나와 줄기를 통해 잎의 가장 높은 곳까지 솟구쳐 올라갔다. 수액은 나뭇가지에 걸쳐 있는 새들의 발톱 사이를 지나간다. (⋯) 나무의 껍질, 새 발톱의 비늘, 새의 피와 나무의 피 사이에는 단지 얇은 피부만이 존재할 뿐이다. 우리는 마치 동물이나 식물의 피처럼 뒤엉켜 있는 것과 같다. 우리는 바로 세계인 것이다.

_ 장 지오노, 《나무를 심은 사람》

김동윤은 '생태주의'를 논하는 자리에서 '생태 복원'의 문학으로 장 지오노Jean Giono의 《나무를 심은 사람》을 예로 들고 있다. 그는 지오노의 문학을 '수액水液의 문명'을 복원하는 일이라고 지칭한다. 수액의 문학이란 바로 생기가 도는 삶의 문명을 의미하는 것으로, 지오노 문학의 핵심이자 생태주의의 핵심 개념이기도 하다. 나무의 온 몸을 도는 수액이 궁극적으로 동물과 식물, 그리고 모든 자연과 그 속에 있는 인간의 몸을 돌고 돌아 뜨거운 온기를 만들어 낸다. 바로 그것이 자연이고 인간이고 우리의 세계라는 순환론적인 인식은 인간이 자연과 평등하다는 관점을 보여 주는 대목이다.

여기서 그가 제시한 알버트 슈바이처Albert Schweitzer의 생명사상을 읽어 보자.

> 사고하는 인간은 다른 생명 의지를 대할 때도 자신의 생명의지
> 를 대할 때와 똑같은 생명에 대한 외경심을 갖고 대하지 않으려
> 야 않을 수 없다. 그는 남의 생명을 자신의 생명에서 체험한다.
>
> _ 알버트 아인슈타인, 《나의 생애와 사상》

그리스 신화에서 곡물과 대지의 여신인 데메테르의 정원에는 커다란 나무가 등장한다. 그녀에게 봉헌된 신성한 참나무, 요정이 춤을 추며 놀던 그 키 큰 참나무를 불경스럽게도 도끼로 쓰러뜨린 간 큰 인물이 있었으니, 바로 그녀의 아들 에리직톤Erysichton이었다.

그는 나무를 베지 못해 주저하는 하인의 목을 도끼로 내리치고 참나무를 베어 버릴 만큼 잔혹했다. 화가 난 데메테르는 아무리 먹어도 허기를 면할 수 없는 기아의 여신이 아들의 몸속으로 들어가도록 저주를 내렸다. 눈에 보이는 모든 걸 먹어치워도 허기를 면할 수 없었던 에리직톤은 자신의 딸을 팔아치우고, 끝내 자신의 몸뚱이까지 뜯어 먹게 된다. 이 이야기는 인간의 욕망이 에리직톤의 허기처럼 끝이 없음을 상징한다. 3대에 걸친 에리직톤의 비극 이야기는, 신성과 인성을 모독하는 오만함의 끝이 인간인 우리 자신의 몸뚱어리마저 먹어 버리는 것에 있다.

데미테르는 대지와 곡물, 즉 자연의 여신이다. 그녀가 돌보고 애지중지하는 참나무는 우리 인간이 보살펴야 하는 숲이고 자연이다.

인간은 자연을 떠나서 살 수 없다. 생태적 관점을 유지하지 않는다면 지구의 위기는 빛의 속도로 빨리 다가올 것이다. 그런 의미에서 유발 하라리의 다음과 같은 질문은 매우 유의미하다.

> 우리는 머지않아 스스로의 욕망 자체도 설계할 수 있을 것이다. 그러므로 아마도 우리가 마주하고 있는 진정한 질문은 "우리는 어떤 존재가 되고 싶은가?"가 아니라 "우리는 무엇을 원하고 싶은가"일 것이다. 이 질문이 섬뜩하게 느껴지지 않는 사람이 있다면, 아마 이 문제를 깊이 고민해 보지 않은 사람일 것이다.
>
> _ 유발 하라리, 《호모사피엔스》

다음은 함민복과 제프 딕슨Geoff Dixon의 시다. 생태인문학적 관점에서 이 시를 읽고 어떤 생각을 하게 되었는지 기록해 보자.

> 사과를 먹는다
> 사과나무의 일부를 먹는
> 사과꽃에 눈부시던 햇살을 먹는다
> 사과를 더 푸르게 하던 장마비를 먹는다
> 사과를 흔들던 소슬바람을 먹는다

사과나무를 감싸던 눈송이를 먹는다

사과 위를 지나던 벌레의 기억을 먹는다

사과나무에서 울던 새소리를 먹는다

(…)

사과나무의 흙을 붙잡고 있는 지구의 중력을 먹는다

사과나무가 존재할 수 있게 한 우주를 먹는다

흙으로 빚어진 사과를 먹는다

흙에서 멀리 도망쳐보려다

흙으로 돌아가고 마는

사과를 먹는다

사과가 나를 먹는다
_ 함민복, 〈사과를 먹으며〉

소비는 많아졌지만 더 가난해지고

더 많은 물건을 사지만 기쁨은 줄어들었다.

집은 커졌지만 가족은 더 작아졌다.

더 편리해졌지만 시간은 더 없어졌다.

학력은 높아졌지만 상식은 부족하고

지식은 많아졌지만 지혜는 모자란다.

전문가들은 늘어났지만 문제는 더 많아졌고

약은 많아졌지만 건강은 더 나빠졌다.

(…)

가진 것은 몇 배가 되었지만 가치는 더 줄어들었다.

말은 너무 많이 하고

사랑은 적게 하며

거짓말은 너무 자주 한다.

생활비 버는 법은 배웠지만

어떻게 가치 있게 살 것인가는 잊어버렸고

인생을 사는 시간은 늘어났지만

시간 속에 삶의 의미를 찾는 법은 상실했다.

달에 갔다 왔지만

길을 건너가 이웃을 만나기는 더 힘들어졌다.

외계를 정복했는지 모르지만

우리 안의 세계는 잃어버렸다.

공기정화기는 갖고 있지만 영혼은 더 오염되었고

원자는 쪼갤 수 있지만 편견을 부수지는 못한다.

자유는 더 늘어났지만 열정은 더 줄어들었다.

키는 커졌지만 인품은 왜소해지고
이익은 더 많이 추구하지만
사람과의 관계는 더 나빠졌다.

세계 평화를 더 많이 얘기하지만
전쟁은 더 많아지고
여가시간은 늘어났어도
마음의 평화는 줄어들었다.

더 빨라진 고속철도
더 편리한 일회용 기저귀
더 많은 광고 전단
그리고 더 줄어든 양심

쾌락을 느끼게 하는 더 많은 약들,
그리고 더 느끼기 어려워진 행복.

_ 제프 딕슨, 〈우리 시대의 역설〉, 《사랑하라 한 번도 상처받지 않은 것처럼》

지구라는 행성 위에서 우리는 매일 무언가와 만나고 헤어진다. 땅, 하늘, 공기 등 인식하지 않아도 항상 주위에 존재하며 삶을 유지하게 해 주는 것들은 평범하지만 귀하다. 138억 년 전 우주가 탄생하고, 46억 년 전 태양이 빛을 발하기 시작하고, 지구가 생겨났다. 지금의 지구와는 사뭇 다른 원시지구였다. 원시지구의 바다에 녹아 있던 많은 성분에서 유기물질이 만들어지고, 이것이 생명 탄생의 단초가 되었다. 물질에서 생명체로의 도약이자 수많은 생명체를 품을 지구의 첫 울음이었다. 단세포의 원핵생물에서 시작된 생명의 역사는 그 처음은 비록 작고 미미했으나, 공존의 결과로 탄생한 진핵생물들로 인해 세상은 풍요롭고 아름다워졌다.

그러나 21세기의 우리 지구는 너무 많이 아프다. 생명체는 종의 수가 급격하게 줄어들고 있고, 환경은 유례 없이 파괴되고 있으며, 인간은 포스트휴먼 시대를 목전에 두고 있다. 인류와 인류를 둘러싼 환경은 변화가 진행 중이다. 그러나 이 중에는 예전부터 살아왔으나 주목받지 못했던 지구의 많은 생명체들이 여전히 함께 존재하고 있다. 과거는 현재를 만들고 현재는 미래를 예견하게 해 주는 청사진이다. 곧 현재는 과거와 미래를 모두 품은 시간이다. 오래된 지구를 만나는 시간은 다가올 지구를 미리 만날 수 있는 모범답안이기도 하다. 지구의 타임캡슐을 열어 보는 시간을 가져 보자.

▶ 지구의 과거와 미래를 품고 있는 나뭇잎.　▶ 흙으로 돌아가는 나뭇잎.

▶ 나무 위의 이끼.

나태주의 시 〈풀꽃〉의 한 구절 "자세히 보아야 예쁘다"는 모든 생명체와 환경에도 적용된다. 우리는 지구의 곁에 있기도 하고, 안에 있기도 하고, 때로는 위에 있기도 하다. 우리 삶의 출발점이자 진행의 터전이며 종착지이기도 한 지구와 어떤 점에서 조우하고 어떤 형태로 만날 것인지 즐거운 고민을 시작해 보자.

마지막으로, 현장 활동을 통해 지구와 만나는 시간을 가져 본 사례를 소개하고자 한다. '하늘거울' 관찰을 통해 다른 생명체의 시선을 견인하는 활동이다. 눈 위나 아래에 위치하기 좋은 '하늘거울'을 이용하여, 다른 생명체의 시선으로 바라보는 자연을 경험한다. 이를 토대로 시나리오를 작성하며 경험을 통해 느낀 바를 토론하며 다른 생명체 및 타인의 입장과 견해를 공유한다. 지구 위의 생명은 인간 중심이 아님을 알아 가는 시간이 될 수 있다.

참고문헌

NHK 게놈 편집 취재반,《생명의 설계도 게놈 편집의 세계》, 이형석 옮김, 바다출
  판사, 2017.

강혜순,《꽃의 제국》, 다른세상, 2002.

게르트 레온하르트,《신이 되려는 기술》, 전병근 옮김, 틔움, 2018.

공우석,《키워드로 보는 기후변화와 생태계》, 지오북 , 2012.

권세중 외,《2030 에코리포트. 3: 기후재난 극복의 길 찾아서》, 환경재단, 2018.

권원태 외,《2030 에코리포트. 2: 기후변화와 제4차 산업혁명》, 환경재단, 2017.

김대호,《인간 초연결 사회를 살다》, 커뮤니케이션북스, 2017.

김성도 · 김동윤 · 김철규,《생태복원의 인문학적 상상력》, 집문당, 2017.

김시준,《배제된 생명들의 작은 승리》, MID, 2016.

남진숙, 〈다큐멘터리 영화 〈잡식가족의 딜레마〉를 통해 본 생태인식과 실천의 문
  제〉,《문학과 환경》 15권 1호, 2016.

노종환,《기후변화협약에 관한 불편한 이야기》, 한울, 2014.

리처드 도킨스,《이기적 유전자》, 홍영남 · 이상임 옮김, 을유문화사, 2010.

레이첼 카슨,《침묵의 봄》, 김은령 옮김, 에코리브르, 2011.

류시화 엮음,《사랑하라 한 번도 상처받지 않은 것처럼》, 오래된 미래, 2005.

리처드 왓슨,《인공지능 시대가 두려운 사람들에게》, 방진이 옮김, 원더박스, 2017.

린 마굴리스 · 도리언 세이건,《생명이란 무엇인가》, 김영 옮김, 리수, 2016.

마르셀 프루스트,《잃어버린 시간을 찾아서 1》, 김희영 옮김, 민음사, 2012.

마이클 폴란,《잡식동물 분투기》, 조윤정 옮김, 다른세상, 2010.

몸문화연구소,《지구에는 포스트휴먼이 산다》, 필로소픽, 2017.

박경리,《토지》 5권, 나남출판사, 2002.

박완서,《그 많던 싱아는 누가 다 먹었을까》, 세계사, 2015.

박완서,《그대 아직 꿈꾸고 있는가》, 세계사, 1999.

박완서,《욕망의 응달》, 세계사, 1993.

박완서,《호미》, 열림원, 2007.

박이문,《생태학적 세계관과 문명의 미래》, 미다북스, 2016.

박종무,《모든 생명은 서로 돕는다》, 리수, 2014.

브뤼노 파디 외,《생물 다양성을 보전할 수 있을까》, 김성희 옮김, 민음IN, 2007.

수전 블랙모어,《밈》, 김명남 옮김, 바다출판사, 2010.

신경림,《어머니와 할머니의 실루엣》, 창비, 1998.

신범식 외,《지구환경정치의 이해》, 사회평론아카데미, 2018.

아이작 아시모프,《아시모프의 과학소설 창작백과》, 김선형 옮김, 오멜라스, 2008.

앤서니 기든스,《기후변화의 정치학》, 홍욱희 옮김, 에코리브르, 2009.

에드워드 윌슨,《지구의 절반》, 이한음 옮김, 사이언스북스, 2017.

요제프 H. 라이히홀프,《생물 다양성 얼마나 더 희생해야 하는가》, 조홍섭 옮김,
    길, 2012.

요제프 H. 라이히홀프,《자연은 왜 이런 선택을 했을까》, 박병화 옮김, 이랑, 2012.

요제프 H.라이히홀프,《공생, 생명은 서로 돕는다》, 박병화 옮김, 이랑, 2018.

유발 하라리,《호모사피엔스》, 조현욱 옮김, 김영사, 2015.

이동근,《생물다양성 경제로 논하다》, 보문당, 2014.

이명희·정영란,《꽃으로 세상을 보는 법》, 열림원, 2015.

이시 히로유키,《세계 문학 속 지구 환경 이야기》 1·2, 안은별 옮김, 사이언스 북
    스, 2013.

이은희,《하리하라의 음식 과학》, 살림FRIENDS, 2015.

이정모,《공생 멸종 진화》, 나무나무, 2015.

이종관,《포스트휴먼이 온다》, 사월의책, 2017.

이청준,《서편제》, 열림원, 1998.

이화인문과학원,《인간과 포스트휴머니즘》, 이화여자대학교출판부, 2013.

이희상,《존 어리, 모빌리티》, 커뮤니케이션북스, 2016.

장 지오노,《나무를 심은 사람》, 유영만 옮김, 나무생각, 2017.

정상희,《나무에게 나를 묻다》, 아마디아, 2018.

제러미 레프킨,《육식의 종말》, 신현승 옮김, 시공사, 2003.

제인 구달,《희망의 씨앗》, 홍승효 옮김, 사이언스북스, 2014.

조셉 캠벨 · 빌 모이어스,《신화의 힘》, 이윤기 옮김, 이끌리오, 2002.

조홍섭,《자연에는 이야기가 있다》, 김영사, 2013.

존 벨라미 포스,《생태혁명: 지구와 평화롭게 지내기》, 박종일 옮김, 인간사랑, 2010.

최승호,《얼음의 자서전》, 세계사, 2005.

최원영,《세상은 보이지 않는 끈으로 연결되어 있다》, 샘터, 2016.

최재천,《다르면 다를수록》, 아르테, 2017.

최재천,《생물다양성은 우리의 생명》, 궁리, 2010.

최재천 외,《청소년을 위한 융복합 특강》, 사람의 무늬, 2018.

칼 세이건,《창백한 푸른 점》, 현정준 옮김, 사이언스북스, 2001.

파울로 코엘료,《포르토벨로의 마녀》, 임두빈 옮김, 문학동네, 2013.

한삼희,《위키드 프라블럼》, 궁리, 2016.

함민복,《어느 우울씨의 하루》, 세계사, 1990.

홍기정, 〈김기택 시에 나타난 육식의 윤리와 아이러니〉,《문학과 환경》 12권 1호, 2013.

홍성암 ,《어떤 귀향》, 새로운 사람들, 1997.

정부 발행 책자

《나고야 의정서 가이드북》, 환경부, 2011년 12월.

《환경통계연감 2017》(제30호) 환경부, 2018.

Myoung Hee Yi, Yung Ran Jung, The Future of Ecology Humanities Using Local Communities-Focusing on the Implication of Converged Elementary Education, (INFORMATION, July 31,2017 (Vol.20, No.7(B))

국립생물자원관 한반도의 생물다양성 https://species.nibr.go.kr/index.do

해양생명자원 ABS 정보지원센터 http://www.mabik.re.kr/html/abs/

몬산토 http://www.monsanto-tribunal.org/

생명다양성 재단, http://diversityinlife.org/

마우나 로아 연구소 https://www.esrl.noaa.gov/gmd/obop/mlo/

기상청 http://www.climate.go.kr/home/

기사 인용

https://www.huffpost.com/entry/da-vincis-leicester-codex_n_7665596

https://nownews.seoul.co.kr/news/newsView.php?id=20180306601015

https://www.huffingtonpost.kr/byungchun-lee/story_b_7114154.html

https://news.joins.com/article/844445

https://apnews.com/083024c3122f4f75b6f8f5d78cb6477c

모빌리티 생태인문학

2020년 3월 1일 초판 1쇄 발행

지은이 ǀ 이명희 · 정영란
펴낸이 ǀ 노경인 · 김주영

펴낸곳 ǀ 도서출판 앨피
출판등록 ǀ 2004년 11월 23일 제2011-000087호
주소 ǀ 우)07275 서울시 영등포구 영등포로 5길 19(양평동 2가, 동아프라임밸리) 1202-1호
전화 ǀ 02-336-2776 팩스 ǀ 0505-115-0525
블로그 ǀ bolg.naver.com/lpbook12
전자우편 ǀ lpbook12@naver.com

ISBN 979-11-87430-89-6 94300